PEDAGOGIAS DAS TRAVESTI LIDADES

MARIA CLARA ARAÚJO DOS PASSOS

PEDAGOGIAS DAS TRAVESTILIDADES

1ª edição

CIVILIZAÇÃO BRASILEIRA

Rio de Janeiro
2022

Copyright © Maria Clara Araújo dos Passos, 2022

Diagramação de encarte e tratamento de imagem: Anderson Junqueira

Todos os esforços foram feitos para localizar as pessoas que fizeram o registro das imagens e que foram retratadas. A editora compromete-se a dar os devidos créditos em uma próxima edição, caso os autores e as pessoas retratadas se reconheçam. Nossa intenção é divulgar o material iconográfico, de maneira a ilustrar as ideias aqui publicadas, sem qualquer intuito de violar direitos de terceiros.

A editora agradece a Yone Lindgren, que cedeu a foto de capa como expressão de carinho e respeito às suas companheiras de luta, travestis e transexuais, e também às pessoas que vivem e viveram com HIV/aids.

CIP-BRASIL. CATALOGAÇÃO NA PUBLICAÇÃO
SINDICATO NACIONAL DOS EDITORES DE LIVROS, RJ

P322p   Passos, Maria Clara Araújo dos
    Pedagogias das travestilidades / Maria Clara Araújo dos Passos. – 1. ed. –
  Rio de Janeiro : Civilização Brasileira, 2022.

    Inclui bibliografia
    ISBN 978-65-5802-074-5

    1. Ciências Sociais. 2. Identidade de gênero – Aspectos sociais - Brasil.
    3. Transexuais – Movimentos sociais. 4. Minoriais sexuais – Aspectos sociais.
    I. Título.

22-78871   CDD: 306.76
           CDU: 316.346.2-055.3

Gabriela Faray Ferreira Lopes – Bibliotecária – CRB-7/6643

Este livro foi revisado segundo o novo Acordo Ortográfico da Língua Portuguesa. As palavras *cisgênero* e *transgênero* foram flexionadas em gênero e número por uma questão política.

Todos os direitos reservados. Proibida a reprodução, o armazenamento ou a transmissão de partes deste livro, através de quaisquer meios, sem prévia autorização por escrito.

Direitos desta edição adquiridos pela
EDITORA CIVILIZAÇÃO BRASILEIRA
Um selo da EDITORA JOSÉ OLYMPIO LTDA.
Rua Argentina, 171 – Rio de Janeiro, RJ – 20921-380
Tel.: (21) 2585-2000.

Seja um leitor preferencial Record.
Cadastre-se no site www.record.com.br
e receba informações sobre nossos lançamentos e nossas promoções.

Atendimento e venda direta ao leitor:
sac@record.com.br

Impresso no Brasil
2022

À minha Mãe Oxum, que, em uma tarde no topo de Santa Teresa, no Rio de Janeiro, fez com que eu sentisse em meu coração que a universidade era possível. Ora Yê Yê ô, Mamãe!

Aos meus pais, Vandinete Maria Araújo dos Passos e Airton José dos Passos Filho, por terem me adotado e permanecido comigo, sempre me incentivando a estudar e a "ser alguém na vida". Este trabalho é fruto da elaboração teórico-prática da filha de dois trabalhadores que não tiveram acesso ao ensino superior. Tudo é por eles.

Ao meu preto, Guilherme de Lima Fernandes, pelo amor restaurativo e por sua permanência em minha vida. "Minha vida inteira esperei por você, Dindi."

SUMÁRIO

*Apresentação – Maria Clara Araújo escurece
para deixar transparente!, por Lina Pereira
ou Linn da Quebrada*   9

Prefácio, por Carla Cristina Garcia   11

*Meu manifesto pela igualdade: sobre ser travesti
e ter sido aprovada em uma universidade federal*   21

Primeiras inquietações   24

1. Movimentos sociais no Brasil: construção
   de saberes insurgentes   31
   Algumas ideias sobre os movimentos sociais,
   seus fundamentos e objetivos   32
   Por que os movimentos disputam a educação
   e o conhecimento?   41
   Movimentos sociais e voz libertadora   46

2. "Unid@s construindo uma nova realidade social":
o Movimento de Travestis e Mulheres Transexuais
no Brasil   51
    Formação do Movimento de Travestis e
    Mulheres Transexuais no Brasil   52
    Conscientização e coletividade:
    construindo um projeto político   63
    Diálogos com o Estado   74
    Os transfeminismos entram em cena!   85

3. Outras Sujeitas, Outras Pedagogias   96
    Quais "Outras Pedagogias"?   101
    Pedagogias das Travestilidades   106

4. Entre as inquietações finais e as tendências
de futuro: desafios para o Movimento de Travestis
e Mulheres Transexuais na atualidade brasileira   111

Bibliografia   116
Créditos do caderno de imagens   126

APRESENTAÇÃO

MARIA CLARA ARAÚJO
ESCURECE PARA DEIXAR TRANSPARENTE!

Maria Clara Araújo dos Passos,

Não podemos nos esquecer dos passos... dos tantos passos dados para chegar até aqui. Não nos esquecer dos calos adquiridos no caminho, e nos lembrar dos colos que apoiaram aquelas que vieram antes de nós. Desatando nós, que, por nossa vez, nossa tez e nossa voz, desataremos outras tantas. Que continuarão dando seus passos e refazendo suas rotas, ao abrir e bater portas, entre brasas e brasis, ao entrar e ao sair, ao prender, aprender e ensinar a fugir.

Entrando e saindo de espaços que também são nossos. Ou podem ser. E, se não forem, que possamos continuar produzindo nossos saberes independentemente deles. E neles também, apesar de seus dissabores.

Conquistando territórios teóricos-práticos-epistemológicos, de maneira menos lógica e mais sensível, ou melhor, ou mulher, ou nem isso, travestilizando de sensibilidade as ruas e as universidades, e tudo que há, entre.

Pois se estamos de pé é porque não nos deitamos àqueles que se recusam a acreditar no impossível e nos amanhãs que anunciamos. Há tanto tempo!

Nós, nem filhos nem filhas. Falhas de uma pátria *malamada* e hostil que treme ao ouvir nossos passos se aproximando, na iminência de delatar sua farsa, ao demonstrar nossa força e também nossas fragilidades.

Transtornadas e potentes!

Te amo!

Lina Pereira ou
Linn da Quebrada
Janeiro de 2022

PREFÁCIO

Carla Cristina Garcia[*]

É um prazer apresentar o trabalho da jovem pedagoga Maria Clara Araújo dos Passos. Em *Pedagogias das Travestilidades*, a autora não apenas estabelece diálogos entre diferentes disciplinas como também constrói seu pensamento conjuntamente com teóricas do feminismo e pesquisadoras/es da história do Movimento de Travestis e Mulheres Transexuais. Essa chave de coalizões torna seu texto potente e apto a questionar os limites e a refletir sobre a educação transgressora que as Pedagogias das Travestilidades propõem. As múltiplas conexões entre esses dois elementos têm sido demonstradas por teóricas, de diferentes áreas do conhecimento, que procuram se posicionar para além da cis-heteronormatividade e da normalidade como elementos de estabilidade pedagógica.

---

[*] Carla Cristina Garcia é mestre e doutora em Ciências Sociais pela Pontifícia Universidade Católica de São Paulo (PUC-SP) e pós-doutora pelo Instituto José Maria Mora (México). Professora da PUC-SP no Programa de Estudos Pós-Graduados em Psicologia Social, é autora de *Ovelhas na névoa: um estudo sobre as mulheres e a loucura* (Rosa dos Tempos, 1995) e *O rosa, o azul e as mil cores do arco-íris: gêneros, corpos e sexualidades na formação docente* (Annablume, 2017), entre outros.

PEDAGOGIAS DAS TRAVESTILIDADES

O ponto de partida deste encontro pode ser situado em uma reflexão de Spivak,[1] para quem é necessário refletir sobre as formas como a educação institucional ou o conjunto de discursos e práticas pedagógicas se relaciona com a autodeterminação das populações subalternas do mundo. Essa reflexão vai ao encontro dos questionamentos de Britzman[2] sobre a possibilidade de o projeto educativo se converter algum dia em um ponto de encontro das revoltas desconstrutivas: "Poderá a pedagogia suscitar reações éticas que sejam capazes de rejeitar as condições normalizadoras [...] [reações éticas] que rejeitam a submissão?" Para ela, esse posicionamento epistemológico oferece alternativas para pensar práxis pedagógicas que rompam com os cânones universalistas, dualistas e cis-heteronormativos:

> A sala de aula pode transformar-se em um espaço que favoreça a mudança social se a prática docente fizer uma revisão na estrutura autoritária que costuma definir suas estratégias e, sobretudo, com o questionamento cotidiano da heterossexualidade normativa, por meio do modelo de aprendizagem transgressora.[3]

Falar de *pedagogia transgressora* leva-nos inevitavelmente aos conceitos de *normalidade* e *anormalidade*. Por meio de um exercício nada sutil, as pessoas que não se encaixam na definição de *normalidade* são enviadas à categoria de *anormais*. É importante ressaltar que, entre os "anormais", estão sendo incluídos cada vez mais um conjunto importante de sujeitos que escapam à definição

---

1 Gayatri C. Spivak. "Acting Bits/Identity Talk", 1992.
2 Deborah Britzman. "La Pedagogía Transgresora y sus extrañas técnicas", 2002.
3 *Ibidem.*

PREFÁCIO

de normalidade. Nesse sentido, é necessário fundamentar essa discussão em uma mesma hermenêutica, interpretando a discursividade que, por meio da linguagem, constrói e desconstrói a linha que separa a *normalidade* da *anormalidade*. É preciso fazer isso sem que haja a recondução dos sujeitos situados nessa última categoria para a primeira, de forma que seja possível explorar um novo imaginário político:

> No qual se possam forjar diversas alianças entre pessoas que não se reproduzem, entre os excêntricos [*queer*] do gênero, os bissexuais, os gays, as lésbicas, os não monogâmicos, alianças que podem começar e inovar as formas de disciplina social e intelectual da universidade.[4]

É importante incluir como alvo da pedagogia o tema da diversidade humana em toda sua complexidade, quer seja para continuar a refletir a partir da pedagogia, quer seja para introduzir mudanças nas práxis pedagógicas.

A partir daí, é possível formular duas perguntas: *como a investigação educativa pode refletir sobre as ignorâncias sociais e pedagógicas que cotidianamente sustentam a normalidade como estrutura de construção de subjetividades de gêneros e sexualidades?*; e *de que maneira se pode estudar a colaboração que a educação presta hoje a um sistema de exclusão da cidadania daqueles que não respondem ao padrão genérico, sexual, étnico e de classe?*

A chamada *tradição normalizadora* constrói como eixos discursivos os binômios *civilização* ou *barbárie*; *civilização* ou *perversão*. Essas premissas, presentes na formação docente e nos discursos que

---

4   Robyn Wiegman. "Desestabilizar la academia", 2002, p. 177.

circulam constantemente nas instituições educativas, transpassaram a pedagogia normalizadora e se articularam eficazmente com paradigmas pedagógicos posteriores, muitas vezes nas próprias concepções críticas. A normalidade implica a invenção de regulações gerais a partir das quais se medem e se controlam as ações particulares dissidentes, e também geram identificações positivas para produzir subjetividades que possam sustentá-las como um "dever ser".

Como se sabe, a normalidade que a escola aspira a manter faz um minucioso trabalho a este respeito: aprendemos a ser mulher ou homem no estrito e dicotômico sentido que isso implica; a ser cisgênero e heterossexual, ou sofrer por não o ser, a silenciar o erotismo e a suprimir a curiosidade. Uma das características da noção de normalidade é que ela se apresenta como *ahistórica*, de forma que se perde de vista seu contexto de formação. Ela aparece como algo que se poderia chamar de "normal-natural" e, dessa maneira, se equipara com a noção de maioria.

A ideia de uma normalidade que se produz e reproduz no cotidiano escolar é sustentada por um binarismo pedagógico que se manteve sem questionar, mesmo nas pedagogias críticas, expresso no binômio *conhecimento/ignorância*. O pensamento binário é construído a partir de categorias que aparecem como opostas: de um lado o hegemônico, o socialmente reconhecido, e, do outro, aquilo que é pensado como seu oposto. A característica principal da construção binária é ser exaustiva – os dois pares do binômio constroem a totalidade – e excludente – ou se está de um lado ou de outro; não há a possibilidade do trânsito. A única forma de pensamento no binarismo é a partir da oposição.

Pouco questionado na pedagogia, o binarismo entre conhecimento e ignorância é lido no seguinte sentido: o conhecimento é o oposto da ignorância, e a ignorância é um espaço neutro, momento ou estágio a ser superado. Isso se expressa na afirmação de

PREFÁCIO

que a ignorância pode ser combatida com o conhecimento. Essa dicotomia não permite nenhuma outra possibilidade e, essa relação polarizada, conforma a totalidade do saber.

Essa relação entre conhecimento e ignorância se deve a uma simplificação de ambos os conceitos e seus processos e a uma descontextualização dos regimes de verdade que os produzem. A crítica a essa lógica vai no sentido de que existem relações entre ambas as partes, que essas são complexas e que há atravessamentos de um lado para o outro. Os binarismos não são a única forma de pensamento, e uma das formas de desconstruí-los é mostrar que são a expressão de uma luta de poderes.

Conhecimento e ignorância não se excluem mutuamente, mas se necessitam, ou seja, o conhecimento hegemônico necessita produzir ignorância para seguir se sustentando como tal. Nesse sentido, a ignorância[5] é esse efeito de conhecimento que é necessário para manter o *status quo* da normalidade.

A normalidade social coloca limites ao saber e transforma o que não tolera em problemas de minorias e de interesse de conhecimento apenas para esses grupos ditos minoritários.[6] Constrói, assim, dificuldades em visualizar – e chega a negar – as problemáticas relacionadas, por exemplo, às dissidências sexuais e aos gêneros como

---

5 Quando falamos em ignorância em um campo do saber, nos baseamos no trabalho "The Speculum of Ignorance: The Women's Health Movement and Epistemologies of Ignorance", em que Nancy Tuana sublinha a importância não apenas do conhecimento que uma ciência produz, mas também da ignorância ou não conhecimento que gera (em concreto práticas do não saber sobre o corpo e a saúde das mulheres).

6 É importante esclarecer que a expressão *minoria* vai muito além de considerações numéricas no jogo maioria/minoria. Expressa uma operação de minorização que se contrapõe e mede forças com as expectativas universalizadoras que assumem os discursos hegemônicos. *Ver* Eve K. Sedgwick. *Epistemología del armario*, 1998.

problemáticas culturais, políticas, econômicas, que têm efeito direto não apenas na vida daqueles que pertencem a essas populações, mas que afetam todos os sujeitos sociais. Nesse sentido, a ignorância é aquilo necessário para que um tipo específico de desconhecimento se mantenha como hegemônico. A questão que se coloca é a forma como os estudos críticos podem contribuir com os movimentos sociais na eliminação desse limite entre conhecimento e ignorância que "funciona para organizar o pensamento e a ação, tanto do que está permitido como do que está proibido".[7]

A pergunta sobre o que é intolerável é uma indagação não apenas a respeito do que a normalidade estabelece, mas também sobre o que se ignora. Dito de outro modo: é um questionamento sobre o que não se quer conhecer, o que não se tolera conhecer, o que não se permite conhecer. A ignorância não é neutra, não é um estado original de falta de conhecimento; ou seja, é produzida por um modo de conhecer. Muitos setores da sociedade e muitas teorias – ainda que sejam críticas em relação a esses temas – alimentam não uma paixão pelo conhecimento, mas pela ignorância.

Estudar as ignorâncias que as hegemonias se empenham em deixar em um lugar residual é uma maneira de desestabilizar a normalidade. Também é explorar os limites de nosso próprio pensamento como indivíduo ou grupo. É refletir sobre o que não toleramos conhecer ou até que ponto um grupo tolera conhecer. Perguntas como *o que aconteceria se uma travesti fosse a professora de seu/sua filho/a?*; *por que as famílias e a escola abandonam as travestis?*; e *por que uma professora lésbica deve esconder de seus alunos que vive com outra mulher?* nos colocam em limites epistemológicos, políticos e éticos.

---

7 Deborah Britzman. "Educación precoz", 2005, p. 60.

PREFÁCIO

O conhecimento e a ignorância são parte de um campo de luta. A ignorância – no papel positivo com o qual a estamos identificando – necessita entrar em competição com o conhecimento. Desse modo, este:

> Não é por si mesmo poder, ainda que seja o campo magnético do poder. A ignorância e a opacidade atuam em conivência ou competem com o saber na ativação de correntes de energia, de desejos, de produtos, de significados e de pessoas.[8]

Outra maneira de colocar em xeque a normalidade a partir da pesquisa educativa é continuar refletindo sobre os saberes e as aprendizagens que ficam de fora do currículo e dos espaços da sala de aula. Quando o conhecimento é deixado de lado, sujeitos e vidas também são ignorados. E a vida é uma preocupação cultural e pedagógica, porque todas as vidas devem fazer parte do cotidiano da escola.

A escola não mudará isoladamente as concepções de gênero e sexualidade hegemônicas, mas, aliada aos movimentos sociais sexo-genéricos,[9] poderá propor políticas públicas de outro tipo e tornar a escola uma instituição mais inclusiva e democrática. Tal aliança sugere uma ruptura dos limites do sistema de normas e relações sociais existentes, gestando novas legitimidades sociais. O desafio está em, por exemplo, articular respostas e ações, dado que a transfobia e outras formas de opressão trazem consequências nefastas, tanto

---

8 Eve K. Sedgwick. *Op. cit.*, p. 15.
9 Quando falamos dos movimentos sexo-genéricos, nos referimos aos grupos heterogêneos em que se incluem o denominado LGBTQIA+, grupos gays, de lésbicas, de travestis, de transgêneros, transexuais, bissexuais, intersexuais, *queer*.

PEDAGOGIAS DAS TRAVESTILIDADES

em relação ao reconhecimento dessas vidas como dignas de serem vividas quanto às injustiças econômicas materializadas nas poucas possibilidades laborais, políticas, sociais, educacionais, de saúde etc. Esses grupos estão propondo uma disputa, em termos de cidadania, que trate de ampliar as fronteiras e o próprio significado do termo. Para Diana Maffía, trata-se dos:

> Direitos humanos universais para serem exercidos por pessoas singulares (e isso) requer respostas muito diversas. Uma sociedade disciplinadora, que aceita como cidadãos aqueles que cumprem os estereótipos prefixados pelo grupo hegemônico dominante, deixa de fora da cidadania de modo arbitrário e injusto uma enorme parte da população.[10]

Tal perspectiva sustenta que é necessário surgirem novas linguagens para que se possa constituir, reafirmar, debater e confrontar o discurso da cis-heteronormatividade – que não é neutro e está comprometido com interesses diversos. Ao construir a realidade, esse discurso desempenha um papel político e pedagógico central na formação do sujeito-gênero, do corpo-sujeito e da sexualidade. Combater a cis-heteronormatividade requer de todas/os nós uma linguagem alternativa, que mostre as diferentes formas de opressão, discriminação, sobretudo em sua presença cotidiana silenciosa, tanto nas práticas pedagógicas quanto nas instituições escolares nas quais atuamos.

O trabalho de Maria Clara Araújo dos Passos nos mostra que a educação não deve ser lugar de conclusão pessoal, de formação em um sentido estrito. Talvez deva estar no âmbito de abertura, em que possamos assumir a responsabilidade de nossas decisões em relação a nós mesmas e aos demais; a partir do qual nos sintamos bem no

---

10 Diana Maffía. *Sexualidades migrantes: género y transgénero*, 2003, p. 8.

PREFÁCIO

terreno instável das complexidades e descontinuidades que regem a experiência (em particular no que diz respeito ao sexo, ao desejo, ao gênero e às formas de estar no mundo); e onde contribuamos para a superação das desigualdades, que já estão caducas.

No momento em que este livro é publicado, estamos na segunda década do século XXI, que foi inaugurado com novas palavras, novas bandeiras que reclamaram o início de uma era de respeito e reconhecimento. Mas também foi inaugurado com o aumento das agressões às pessoas LGBTQIA+, do transfeminicídio e de leis internacionais encaminhadas para reprimir essa população.

Nunca serão suficientes a reflexão e a explicação diante da violência de se questionar e silenciar uma vida. Este livro de Maria Clara Araújo dos Passos faz parte do material com que poderemos trabalhar na formação de estudantes e docentes, não apenas para que criem aulas baseadas no respeito, mas também para que sejam parceiros na construção de um mundo que incorpore as vivências *queer*.

Referências bibliográficas

Deborah Britzman. "Educación precoz". In: S. Talturt; S. R. Steinberg (Orgs.). *Pensando* queer: *sexualidad, cultura y educación*. Barcelona: Graó, 2005, pp. 51-75.

_____. "La Pedagogía Transgresora y sus extrañas técnicas". In: Rafael M. Mérida Jiménez (Org.). *Sexualidades transgresoras: una antología de estudios* queer. Barcelona: Icaria, 2002, pp. 197-228.

_____. "Qué es esa cosa llamada amor". In: *Practice Makes Practice: A Critical Study of Learning to Teach*. Albany: State University of New York Press, 1995, pp. 65-93.

Diana Maffía (Comp.). *Sexualidades migrantes: género y transgénero*. Buenos Aires: Feminaria, 2003.

Eve K. Sedgwick. *Epistemología del armario*. Buenos Aires: Edelp, 1998.

Gayatri. C. Spivak. "Acting Bits/Identity Talk". *Critical Inquiry*, v. 18, nº 4, The University of Chicago Press, 1992, pp. 770-803.

Guacira Lopes Louro (Org.). *O corpo educado: pedagogias da sexualidade*. Belo Horizonte: Autêntica, 2001.

_____. "La construcción escolar de las diferencias sexuales y de género". In: Pablo Gentilli (Coord.). *Códigos para la ciudadanía*. Buenos Aires: Santillana, 2001.

_____. "Los estudios feministas, los estudios gays y lésbicos y la teoría *queer* como políticas de conocimiento". II *Congresso Brasileiro de Homocultura*. Brasília, junho de 2004.

_____. "Teoría *queer*: una política pos-identitaria para la educación". *Cuadernos de Pedagogía Crítica Rosario*, nº 9. Centro de Estudios en Pedagogía Crítica: Argentina, 2001.

Miguel Álvarez. "El movimiento feminista y la construcción de marcos de interpretación: el caso de la violencia contra las mujeres". *Revista Internacional de Sociología*, Universidad de La Coruña, nº 35, mai. 2003, pp. 127-150.

Nancy Tuana. "The Speculum of Ignorance: The Women's Health Movement and Epistemologies of Ignorance". *Hypatia*, v. 21, nº 3, 2006, p. 1-19.

Robyn Wiegman. "Desestabilizar la academia". In: Rafael M. Mérida Jiménez (Org.). *Sexualidades transgresoras: una antología de estudios queer*. Barcelona: Icaria, 2002.

MEU MANIFESTO PELA IGUALDADE: SOBRE SER TRAVESTI E TER SIDO APROVADA EM UMA UNIVERSIDADE FEDERAL*

Hoje eu tive minha sobrancelha raspada por minha mãe, emocionada por eu ter sido a primeira pessoa de minha família a ser aprovada na Universidade Federal de Pernambuco.

O que pra ela é uma realização pessoal de mãe que, diga-se de passagem, sempre me incentivou a estudar, para mim, uma travesti negra, é uma conquista com imenso valor simbólico.

Desde muito cedo, o âmbito educacional deixou o mais explícito possível suas dificuldades em compreender as particularidades de minha vida: aos 6 anos, desejando ser a Power Ranger Rosa;

---

* Publico aqui este manifesto tal qual escrevi no calor da emoção, após ter sido aprovada no curso de Pedagogia da Universidade Federal de Pernambuco (UFPE), em 2015. Considerei importante visibilizar minha aprovação não só como conquista, mas também como denúncia, ao ser informada, durante a matrícula, que a UFPE não tinha uma política de nome social. O texto obteve grande alcance: circulou consideravelmente no Facebook e em outras plataformas até chegar a veículos de renome. Em razão do valor histórico e afetivo, decidi manter sua redação original, sem significativas correções gramaticais. Acredito que este texto propiciou o debate sobre a ausência de travestis e transexuais nas universidades do país, fazendo o tema chegar a pessoas cisgêneras que nunca haviam pensado na questão.

aos 13, usando lenços na cabeça; aos 18, implorando pelo meu nome social e, logo, o reconhecimento de minha identidade de gênero.

Nenhuma foi atendida. Nenhuma foi levado a sério como algo que eu, enquanto um ser humano, preciso daquilo para me construir e ter minha subjetividade. Se ontem a professora tirou a boneca de minha mão, hoje o Reitor diz não ter demanda para meu nome social.

Eu existo! Nós existimos! As violências por conta de minha identidade sempre trouxeram retaliações em salas, corredores e banheiros durante toda minha permanência na escola.

Lembro-me de, inúmeras vezes, minhas amigas entrando em rodas feitas por rapazes para me bater e tentarem me salvar. "Para com isso! Deixa ela!" Não era só comigo, mas fui a única que aguentei.

Vi, de pouco em pouco, outras possíveis travestis e transexuais desaparecendo daquele ambiente, porque ele nunca simbolizou um espaço de acolhimento, educação e aprendizagem. Mas sim de opressão, dor e rejeição. Uma vez encontrei na rua com uma das que estudou comigo.

Eu voltava do curso, ela ia se prostituir. "Mulher, o que tu ainda faz em lugares desses?", ela me perguntou. Indignada, aliás. Ela me questionava com a testa franzida porque eu insistia em permanecer em um lugar que, cada vez mais, apontava que eu não era bem-vinda.

Quando fui? Os banheiros femininos estão com as portas fechadas, o nome nas cadernetas não pode ser alterado e os olhares de escárnio estão por todas as partes. De corredor a sala, de banheiro a secretaria. "O que ela faz aqui?", se perguntam diariamente ao me ver andando na luz do dia. Afinal, eu, enquanto travesti, devo ser uma figura noturna.

Assim, sedimentando a posição que a sociedade me atribuiu: de sub-humana. E quando falo isso, meus queridos, estou sendo o mais honesta que posso. Olhe ao seu redor! Quantas travestis e mulheres trans você se depara no seu dia a dia? Quantas estão na sua sala de aula? Quantas te atendem no supermercado? Quantas são suas médicas? Espere até as 23 hrs. Procure a avenida mais próxima. As encontrará. Porque lá, embaixo do poste clareando a rua escura, é onde nós fomos condicionadas a estar por uma sociedade internalizadamente transfóbica.

Quando vi minha aprovação, foi uma alegria por eu ter tido uma conquista, mas para além disso, eu tive a consciência de forma imediata que, dentro de minhas perspectivas de vida, ver uma pessoa como eu em um espaço acadêmico é algo utópico.

Até quando será? Até quando minhas irmãs irão ter que ser submetidas a essas condições de vida? Sem moradia, sem estudo, sem trabalho. Se prostituindo por 20 reais.

Onde está a dignidade? Não somos iguais. Eu, travesti, não sou igual a você. Eu, travesti, além de ter batalhado por minha entrada, a partir de agora irei batalhar por minha permanência.

Optei por Pedagogia com a esperança de poder ser um diferencial. De finalmente pautar a busca por uma educação que nos liberta e não mais nos acorrente. A escolha é apenas uma: lutar ou lutar.

E eu, Maria Clara Araújo, escolhi ser um símbolo de força. A revolução será travesti!

Maria Clara Araújo dos Passos
2015

Primeiras inquietações

*As travestis devemos ter direito a ler sobre
o que outras travestis escrevem*

Claudia Rodríguez

Inicio esta conversa com uma epígrafe de Claudia Rodríguez – ativista, travesti e poeta latino-americana –, para pensarmos a longa trajetória que nos trouxe até aqui: uma travesti concluiu a licenciatura em Pedagogia na Pontifícia Universidade Católica de São Paulo (PUC-SP). Como fruto dessa trajetória, compartilho neste livro um breve histórico das resistências e reexistências[1] vividas pelo Movimento de Travestis e Mulheres Transexuais no Brasil.

Minha experiência na educação formal, do ensino médio à universidade, foi marcada pela maneira como meu pertencimento foi negociado. Escrever sobre esse Movimento, suas lutas, narrativas e *expertises* é demonstrar respeito e gratidão, pois tenho consciência do trabalho realizado por elas, para que hoje travestis mais novas recebam títulos de licenciadas, mestras, doutoras e pós-doutoras.

---

1 Ver Djamila Ribeiro. *O que é lugar de fala?*, 2017.

PRIMEIRAS INQUIETAÇÕES

Em meu processo de pesquisa e escrita, não fui apenas afetada pelos saberes construídos e difundidos pelo Movimento. As repressões, violações de direitos humanos e transfobias institucionais são expressivas na população em que me insiro, principalmente por estar no Brasil, um país comprometido com o genocídio trans.[2] Dessa forma, o histórico de violência que relatei em algumas passagens não está, de modo nenhum, longe do que vivo e vivi. Inclusive por isso, não pretendo aqui manter a ilusão que a academia sustenta, do distanciamento entre autora e sua escrita. E não apenas pelo fato de eu fazer parte do movimento que discuto aqui, mas também por meu livro ser fruto da práxis político-pedagógica exercida por esse grupo de pessoas.

Na dissertação escrita em primeira pessoa, *Por inflexões decoloniais de corpos e identidades de gênero inconformes: uma análise autoetnográfica da cisgeneridade como normatividade*, Viviane Vergueiro[3] – uma das intelectuais que mais contribuiu para o transfeminismo brasileiro – lembra que pouquíssimas travestis se encontraram com a teorização autorrecuperativa anunciada pela educadora e feminista negra estadunidense bell hooks em suas obras sobre educação.[4] E nota que, se nós chegamos até a universi-

---

2 Jaqueline Gomes de Jesus. "Transfobia e crimes de ódio: assassinatos de pessoas transgênero como genocídio", 2014b.

3 Viviane Vergueiro. *Por inflexões decoloniais de corpos e identidades de gênero inconformes: uma análise autoetnográfica da cisgeneridade como normatividade*, 2015.

4 bell hooks é natural de Kentucky, estado do Sul dos Estados Unidos, onde foram aplicadas as leis de Jim Crow. Por conta desse conjunto de leis, a população negra sulista estadunidense se viu diante de instrumentos jurídicos que reforçavam a supremacia branca e a segregação racial, inclusive em escolas. bell hooks relata suas experiências como educanda negra de uma escola segregada do Sul em livros como *Ensinando a transgredir: a educação como prática da liberdade*, 2013, e *Erguer a voz: pensar como feminista, pensar como negra*, 2019.

PEDAGOGIAS DAS TRAVESTILIDADES

dade, temos plena consciência de que "chegamos a ela sangrando".[5] Somos aquelas que compõem a alarmante parcela de apenas 0,03% de estudantes trans que estão no ensino superior federal.[6]

Ensinando a transgredir: a educação como prática da liberdade, célebre obra de bell hooks, foi um dos primeiros livros que li como estudante universitária. A despeito do epistemicídio[7] a que teorias pensadas por intelectuais negras são submetidas, esse trabalho foi um divisor de águas no modo como compreendo a práxis teórico-prática.

Nesse livro, a autora busca construir uma narrativa crítica sobre a educação e o modo como as/os educadoras/es partilham conhecimentos, e já nas primeiras páginas apresenta uma perspectiva insurgente de educação e de práxis político-pedagógica. Para hooks, a procura pelo saber é um ato contra-hegemônico. Principalmente quando praticado por aquelas/es que elencam a criticidade como princípio para o enfrentamento das opressões. No capítulo "A teoria como prática libertadora" afirma, inclusive, que chegou "à teoria porque estava machucada".[8] A intelectual, na posição de mulher negra vinda do Sul dos Estados Unidos, iniciou sua trajetória teórica buscando respostas frente aos constantes processos de desumanização a que se viu submetida.

Eu me afirmo como Maria Clara desde os dezesseis anos. Naquele momento, cursava o terceiro ano do ensino médio na rede estadual de ensino de Pernambuco. Nesse contexto, a discussão

---

5 Viviane Vergueiro. *Op. cit.*, 2015, p. 2.
6 Angela Boldrini. "Universitários trans são mais negros, mais pobres e mais engajados, mostra pesquisa", *Folha de S.Paulo*, 17 fev. 2021.
7 Sueli Aparecida Carneiro. *A construção do outro como não-ser como fundamento do ser*, 2005.
8 bell hooks. *Ensinando a transgredir*, 2013, p. 83.

PRIMEIRAS INQUIETAÇÕES

sobre o uso do nome social e do banheiro correspondente à identidade de gênero ainda era incipiente. Ao solicitar o cumprimento dessas medidas, que implicavam diretamente meu bem-estar no espaço escolar, ouvi da gestão que "Maria Clara não existe". Uma situação como essa incide de forma objetiva na permanência de travestis no processo de escolarização.

A despeito de muita dor, concluí o ensino médio. No entanto, assim como aconteceu com bell hooks, os rastros de violência, gerados por uma educação que reforça políticas de dominação, foram registrados em mim. Por esse motivo, acredito que não se deu de forma aleatória meu desejo de cursar a licenciatura em Pedagogia e me aprofundar nos processos pedagógicos que nos constroem como sujeitas/os. Isso faz parte da compreensão de que almejo construir uma outra possibilidade de educação para as travestis educandas que virão. Trata-se de enxergar, na teoria pedagógica libertadora, como salientou hooks,[9] "um local de cura", um espaço possível de intervenção.

Na idealização de novos imaginários possíveis, as recentes aprovações e titulações de travestis e mulheres transexuais nas universidades brasileiras indicam que nossas experiências, quando refletidas de forma crítica, podem carregar consigo o fundamento da libertação coletiva. Fortemente inspirada pela práxis político-pedagógica do Movimento de Travestis e Mulheres Transexuais no Brasil, essa mudança fortalece e dá continuidade à sua longa trajetória de ações coletivas e indagações às instituições. É partindo dessa premissa que este texto foi escrito.

Porém, para além dos desafios financeiros impostos à nossa permanência nas universidades, a "ciscolonialidade do saber"[10] permeia o que é escrito sobre travestis e transexuais, produzindo

---

9   bell hooks. *Op. cit.*, 2013, p. 83.
10   Viviane Vergueiro. *Op. cit.*, 2015, p. 22.

PEDAGOGIAS DAS TRAVESTILIDADES

inexistências e silenciamentos. Nossas formulações se veem deslegitimadas frente a um monólogo cisgênero, em que a potencialidade teórico-prática e política de nossas produções acadêmicas é diminuída.

Da mesma forma, o Movimento de Travestis e Mulheres Transexuais no Brasil vem apontando como a história que relato neste livro é, por vezes, ocultada. Ainda que exista um número substancial de pesquisas acadêmicas a respeito dos Movimentos LGBTQIA+ no Brasil, poucos são os trabalhos que elencaram, por exemplo, o Encontro Nacional de Travestis e Transexuais (Entlaids)[11] como um espaço em que a construção democrática foi exercida. Destaco o artigo de Alessandro Soares Silva e Renato Barboza[12] e a tese de Adriana Sales[13] como alguns dos poucos trabalhos em que os processos de conscientização política das travestis e transexuais participantes dos Entlaids foram discutidos com ênfase.

Ir contra os silenciamentos e ocultamentos exige a realização de "escavações epistemológicas",[14] de forma a visibilizar as trajetórias

---

11 Originalmente chamado de Encontro Nacional de Travestis e Liberados, o Entlaids passou por diversas mudanças de nome no decorrer da história do Movimento. Hoje, nos referimos ao Entlaids dessa maneira: Encontro Nacional de Travestis e Transexuais. No entanto, em razão da pluralidade do título ao longo dos anos, diferentes nomeações são apresentadas no decorrer do livro. Para ter acesso a uma sistematização completa de nomes, temas, datas e cidades, ver Thiago Coacci, *Conhecimento precário e conhecimento contra-público: a coprodução dos conhecimentos e dos movimentos sociais de pessoas trans no Brasil*, 2018, p. 162-163. [*N. da E.*]

12 Alessandro Soares Silva e Renato Barboza. "Exclusão social e consciência política: luta e militância de transgêneros no Entlaids", 2009.

13 Adriana Sales. *Travestis brasileiras e escolas (da vida): cartografias do movimento social organizado aos gêneros nômades*, 2018.

14 Claudia Miranda. "As epistemologias das redes de mulheres negras e dos movimentos pedagógicos na contramão: por outras cimarronajes nos territórios da diáspora afrolatina", 2020, p. 113.

PRIMEIRAS INQUIETAÇÕES

de luta das mulheridades/feminilidades, assim como de suas proposições político-epistemológicas. Reforçando a necessidade das escavações, Carla Cristina Garcia aponta e questiona o seguinte:

> Retirar essas vozes da invisibilidade implica um trabalho de desocultação de tudo que foi deixado de lado pelo pensamento ocidental oficial, acadêmico, como, por exemplo, a criação de uma nova visão de pensamento e da presença das mulheres que as retire da posição desfavorável e inferior com que foram sempre identificadas na cultura, pois, quando revisitamos a história, uma dúvida nos assalta: onde estavam as mulheres durante a árdua construção da cultura?[15]

É seguindo essa premissa, que tensiona "histórias oficiais" à medida que desoculta outros protagonismos, que no primeiro capítulo, "Movimentos sociais no Brasil: construção de saberes insurgentes", apresento alguns apontamentos introdutórios sobre a agência social, política e epistêmica dos movimentos sociais brasileiros. Também busco apontar como esses grupos atuaram no campo educacional e de que forma essas intervenções estiveram ligadas a um processo de afirmação do conhecimento.

No segundo capítulo, "'Unid@s construindo uma nova realidade social': o Movimento de Travestis e Mulheres Transexuais no Brasil", resgato parte da história desse movimento nas décadas de 1970, 1990, 2000 e 2010.

No terceiro capítulo, "Outras Sujeitas, Outras Pedagogias", cujo título faz alusão ao livro *Outros Sujeitos, Outras Pedagogias*, de Miguel Arroyo,[16] discorro a respeito da perspectiva educacional

---

15 Carla Cristina Garcia. *Breve história do feminismo*, 2015, pp. 106-107.
16 Miguel G. Arroyo. *Outros Sujeitos, Outras Pedagogias*, 2014.

crítico-reflexiva gestada pelo Movimento de Travestis e Mulheres Transexuais no Brasil. Abordo alguns trabalhos em que os elos entre esse movimento e a educação são explorados pelas travestis e transexuais pesquisadoras-educadoras através de suas Pedagogias das Travestilidades.

Na conclusão "Entre as inquietações finais e as tendências de futuro: desafios para o Movimento de Travestis e Mulheres Transexuais na atualidade brasileira", situo alguns desafios postos para o movimento e para as Pedagogias das Travestilidades. Em um momento crítico de avanço da extrema direita na América Latina, as atrizes da região estão sendo provocadas a radicalizar suas agendas.

Por fim, cabe ressaltar que não realizo aqui uma tradução de conceitos básicos acerca das questões de gênero e sexualidade. Diante dos desafios abordados durante todo o livro, acredito que é preciso avançar em nossas proposições teórico-epistemológicas. Perguntas como a diferença entre travestis ou transexuais, ou mesmo a diferença entre identidade de gênero e orientação sexual, não serão desenvolvidas. Caso deseje fazer uma leitura introdutória sobre o tema, recomendo a leitura dos artigos de Beatriz Bagagli e Jaqueline Gomes de Jesus, ambos disponíveis na internet.[17]

---

17 Beatriz Bagagli, "Orientação sexual na identidade de gênero a partir da crítica da heterossexualidade e cisgeneridade como normas", 2017, e Jaqueline Gomes de Jesus, "Orientações sobre identidade de gênero: conceitos e termos – Guia técnico sobre pessoas transexuais, travestis e demais transgêneros, para formadores de opinião", 2012.

1. Movimentos sociais no Brasil: construção de saberes insurgentes

Meu encontro com a literatura sobre os movimentos sociais aconteceu ainda no primeiro semestre da graduação em Pedagogia na UFPE, na disciplina "Movimentos sociais e práticas pedagógicas". Foi quando tive contato com a ideia que nos acompanhará ao longo deste livro: os movimentos sociais constroem saberes.[1]

Naquele período, conheci autoras/es que discutem os movimentos sociais progressistas latino-americanos considerando que, ao articularem e formarem sujeitas/os sociopolíticas/os, esses atores coletivos gestam projetos alternativos de democracia[2] e possibilitam o desenvolvimento de práticas pedagógicas criticamente ricas também fora do espaço formal das escolas e das universidades.

Os projetos políticos dos movimentos latino-americanos anunciam outras pedagogias. As/os responsáveis pela produção intelectual hegemônica, assim como educadoras/es-pesquisadoras/es

---

1 Saliento que a compreensão adotada neste trabalho não reforça uma distinção entre saber(es) e conhecimento(s), como defendido por Nilma Lino Gomes em sua crítica à "monocultura do saber", *ver* Nilma Lino Gomes. *O Movimento Negro educador: saberes construídos nas lutas por emancipação*, 2017.

2 Sonia E. Alvarez, Evelina Dagnino e Arturo Escobar. "Introdução: o cultural e o político nos movimentos sociais latino-americanos", 2000, p. 15.

em formação, devem ter em mente que, para além dos saberes que estão nos currículos oficiais, outros são gestados em sindicatos, cursinhos pré-vestibulares, coletivos estudantis e políticos, equipamentos culturais autônomos, quilombos urbanos, entre outros espaços de criação e reexistências. Como Catherine Walsh afirma, existe uma "agência não apenas social, mas também política e epistêmica, dos movimentos sociais".[3]

Por essas e outras razões que irei apresentar, entendo que o Movimento de Travestis e Mulheres Transexuais é um dos movimentos sociais que, ao longo de sua trajetória, construiu saberes através de uma práxis político-pedagógica. Mas, para embasar essa ideia, será preciso primeiro fazer uma digressão e discorrer sobre algumas formulações teóricas e vivências político-pedagógicas. Por meio delas, poderei justificar meu posicionamento e também destacar as pedagogias que emergem como fruto da práxis do Movimento.

Além disso, diante do dinamismo social e do caráter mutável que os movimentos sociais apresentam, as conceituações que trago aqui devem ser entendidas como provisórias. De todo modo, busco apresentar alguns pontos que auxiliarão na compreensão do que é e que tipo de trabalho realiza um "movimento social".

Algumas ideias sobre os movimentos sociais, seus fundamentos e objetivos

A organização de diferentes segmentos da sociedade em torno de projetos políticos que dão ênfase a pautas essenciais da coletividade – mas que nem sempre ganham destaque no debate público

---

3 Entrevista de Pablo Quinteiro a Catherine Walsh. "Movimientos sociales, universidades y redes decoloniales en América Latina", 2011, p. 247.

MOVIMENTOS SOCIAIS NO BRASIL

– culmina no que compreendemos como "movimentos sociais". No outro extremo dessa balança, temos aquilo que Paulo Freire chamou de "inexperiência democrática": a inclinação a uma vida baseada na verticalidade, em que poucos decidem os caminhos que a sociedade irá percorrer.[4]

As/os integrantes dos movimentos sociais progressistas, contrapondo-se à ideia de inexperiência democrática, objetivam algo maior do que uma simples integração à realidade posta. Na contramão de um histórico que instrumentalizou relações de assistencialismo, hierarquização e passividade, elas/es intentam a transformação social e política, ao mesmo tempo que afirmam sua responsabilidade com o país. Essa presença afirmativa[5] em sociedade é, em sua gênese, antagonista da domesticação e desumanização como condições fatídicas, intransponíveis.

Para Maria da Glória Gohn, os contextos de exploração, miserabilidade social, desumanização e violação a direitos civis tiveram como resposta a mobilização de grupos que elencaram e deliberaram, de forma coletiva, interesses comuns. Esses movimentos, que nada mais são do que "cidadãos coletivos", carregam consigo as reivindicações de grupos que veem a própria vida imputada a um lugar de subalternização.[6]

É do interesse dos movimentos sociais progressistas desestabilizar os imaginários históricos que simbolicamente cristalizaram determinados grupos como destituídos de agência – a capacidade de intervir no mundo. Opondo-se às perspectivas salvacionistas, suas/seus integrantes tendem a se compreender como sujeitas/os

---

4 Paulo Freire. *Educação e atualidade brasileira*, 1959, p. 10.
5 *Ver* Miguel G. Arroyo, *Outros Sujeitos, Outras Pedagogias*, 2014.
6 Maria da Glória Gohn. *Movimentos sociais e educação*, 2012, p. 20.

em busca da emancipação através de uma atuação que reivindica um caráter autônomo, construído por via de um diálogo orgânico com suas/seus integrantes.

As/os integrantes dos movimentos fazem críticas ao Estado, mas também realizam um diagnóstico da viabilidade e dos ônus que possíveis cooperações com o poder público apresentam. É importante que se mantenha um olhar vigilante às possíveis contradições que surgem dessa relação, assim como estar atenta/o às conquistas que o Estado pode garantir. Por isso, muitos componentes dos movimentos sociais, incluído o Movimento de Travestis e Mulheres Transexuais no Brasil, constroem metodologias para se salvaguardar ao estabelecer diálogos com os quadros institucionais públicos.[7]

Uma vez que as/os ativistas partem da premissa de que a democracia representativa tem falhado em traduzir os interesses da coletividade, elas/es continuamente realizam intervenções a fim de que o Estado implemente políticas em consonância com o que a sociedade civil reivindica concretamente. E, se esse poder desconsidera ou deslegitima as propostas deliberadas pelos movimentos, indagações e pressões emergem na esfera pública evidenciando o quão fragilizadas as democracias podem se tornar quando a comunicação entre esses dois campos não é realizada de forma eficiente e horizontal.

De modo geral, os movimentos sociais progressistas que se constituem diante dos contextos históricos e políticos não apenas brasileiros, mas de toda América Latina, reconhecem as incon-

---

7 Sobre os processos de institucionalização dos movimentos sociais, *ver* Euzeneia Carlos, "Movimentos sociais: revisitando a participação e a institucionalização", 2011, pp. 341-342.

sistências que acompanham seus processos democráticos. No Brasil, a sociedade civil tem continuamente exposto as fragilidades democráticas do país diante da administração federal do período de 2018-2022.

As constantes situações políticas que ferem a soberania popular levam diferentes setores a se organizarem e a porem em evidência a experiência da desigualdade. Por isso, é possível dizer que os movimentos sociais latino-americanos "desempenham um papel crítico" fundamental.[8] É através de sua práxis que as concepções convencionais de democracia passam por uma desestabilização, como, por exemplo, quando a Coalizão Negra por Direitos afirma que "enquanto houver RACISMO, não há democracia".[9]

Nesse sentido, lembro do papel que a República Negra de Palmares (1595-1695) desempenhou durante o período colonial brasileiro. Essa memória é resgatada por Erica Malunguinho, ao citar outra importante intelectual negra, Lélia Gonzalez, para quem "Palmares foi a primeira tentativa brasileira no sentido de criação de uma sociedade democrática e igualitária".[10] A Revolta dos Malês (1835) é mais um exemplo de luta negra significativa para o coletivo. Essas e outras experiências de resistência e reexistência negra diante das atrocidades cometidas pelo colonialismo fundamentam muitas das práticas exercidas hoje no interior de nossos movimentos sociais, sobretudo, aqueles que recuperam

---

8 Sonia E. Alvarez, Evelina Dagnino e Arturo Escobar. *Op. cit.*, p. 15.

9 Essa campanha, lançada em 2020, compartilha, nacional e internacionalmente, um projeto político da população negra brasileira. A Coalizão Negra por Direitos é fruto da convergência de mais de 150 entidades do Movimento Negro no país, do campo e da cidade, em que são discutidas e deliberadas ações elencadas como necessárias por movimentos da população negra de todas as regiões do Brasil. A campanha está disponível em: <www.comracismonaohademocracia.org.br>.

10 Lélia Gonzalez. *Por um feminismo afro-latino-americano*, 2020, p. 51.

o significado do quilombo. Por isso, é tão vital a retomada do passado, enquanto exercício de memória, porque ele "dá sentido às lutas do presente".[11]

Sabemos que a produção teórica está atenta às novas questões levantadas por organizações como Movimento Feminista, Negro ou LGBTQIA+, e, em razão disso, vem promovendo mudanças em suas primeiras pesquisas. Atualmente é possível para cada uma e um de nós, como é o caso deste livro, escrever e teorizar sobre a história dos movimentos dos quais fazemos parte, superando o lugar de mero objeto.

Mas, ao mesmo tempo que reconhecemos as conquistas, a consciência histórica que temos hoje nos permite compreender que os direitos garantidos no processo de redemocratização não são acessíveis a todos. No campo da educação, a promulgação da Constituição brasileira, em 1988, e, posteriormente, a aprovação da Lei de Diretrizes e Bases da Educação Nacional (LDB, Lei 9.394), em 1996, inscrevem-se no cerne dessas lutas, articulações e intervenções – e não fogem à exceção quanto à marginalização.

Os movimentos sociais progressistas elencam o princípio da dignidade humana entre as garantias inquestionáveis e munem-se de ferramentas que consolidam o "sujeito" como a pessoa capaz de interferir na realidade vivida. É através do autorreconhecimento[12] de fundamentos éticos e epistemológicos e de objetivos políticos que os direitos sociais são reafirmados:

> Historicamente, observa-se que [os movimentos sociais] têm contribuído para organizar e conscientizar a sociedade;

---

11 Maria da Glória Gohn. "Movimentos sociais na contemporaneidade", 2011, p. 336.

12 Ver Miguel G. Arroyo. Op. cit.

apresentam conjuntos de demandas via práticas de pressão/ mobilização; têm certa continuidade e permanência. Não são só reativos, movidos apenas pelas necessidades (fome ou qualquer forma de opressão); podem surgir e desenvolver-se também a partir de uma reflexão sobre sua própria experiência [...] os movimentos sociais tematizam e redefinem a esfera pública, realizam parcerias com outras entidades da sociedade civil e política, têm grande poder de controle social e constroem modelos de inovações sociais.[13]

A indissociabilidade entre a teoria e a prática também é uma questão central. Paulo Freire, grande educador brasileiro, foi um dos responsáveis pelo extenso debate acerca do conceito marxista de "práxis".[14] Para ele, a práxis vivida por aquelas/es que se encontram imersos em uma realidade opressora condensa ação e reflexão ao incidir criticamente no meio social, o que possibilita a transformação objetiva da condição compartilhada pelas/os condenadas/os da terra – para usar o termo de Frantz Fanon.[15]

A práxis defendida por Paulo Freire materializa-se quando estudamos as ações coletivas e as identidades forjadas politicamente. Como educador-educando, ele apresentou ao mundo concepções fortemente marcadas pela vivência ao lado de sujeitas/os sociopolíticas/os que estavam em busca permanente de libertação coletiva. Grande parte da obra freireana toma os saberes insurgentes como fundamento, sistematizados ou não, dos movimentos sociais pela terra, pela descolonização,[16] pelo acesso à alfabetização, entre outros.

---

13 Maria da Glória Gohn. *Op. cit.*, 2011, pp. 336-337.
14 *Ver* Paulo Freire, *Pedagogia do Oprimido*, 1981.
15 Frantz Fanon. *Os condenados da terra*, 1979.
16 O termo "descolonização" é entendido aqui como sinônimo do fim do violento processo de exploração colonial, ao qual países africanos, latino-americanos

PEDAGOGIAS DAS TRAVESTILIDADES

Moacir Gadotti é outro importante pensador da prática pedagógica. Em um de seus principais livros, a *Pedagogia da Práxis*, o autor mantém diálogo com Paulo Freire e Antonio Gramsci para definir práxis como uma "ação transformadora".[17] Sua discussão central é sobre a educadora e o educador e sua relação dialética com a escola, mas as proposições levantadas são ricas e complexas o bastante para refletirmos acerca dos modos de ação coletiva.

Gadotti pensa a ação pedagógica em uma perspectiva dialética, na qual os projetos estão em permanente conflito entre o idealizado e o que está posto; entre o que se deseja no horizonte democrático e o que é colocado como fatídico, intransponível. Da mesma forma, os movimentos sociais progressistas se defrontam com o modelo de sociedade que desejam e a constituída. Ao intervir para transformar-se individual e coletivamente, as organizações populares atuam "como pedagogos nas relações políticas e sociais".[18] Em outro momento, Gadotti refere-se à práxis como um ato de "descobrir e elaborar instrumentos de ação social",[19] e sua definição está em completa consonância com o que esses atores coletivos têm historicamente realizado no Brasil: uma práxis político-pedagógica.

Tanto para Paulo Freire e Moacir Gadotti quanto para os movimentos sociais, o conflito é um instrumento político-pedagógico. Para que algo de novo surja, é necessário que os antigos e os novos ideários se confrontem – dado que suas compreensões

---

e asiáticos foram submetidos. O conceito "decolonização", por sua vez, deve ser compreendido como uma referência ao posicionamento político-epistemológico defendido por intelectuais como Aníbal Quijano, Maria Lugones, Nelson Maldonado-Torres, entre outras/os, ao pensar a América Latina e o Caribe. [N. da E.]

17 Moacir Gadotti. *Pedagogia da práxis*, 1998, p. 30.
18 Nilma Lino Gomes. *O Movimento Negro educador*, 2017, p. 16.
19 Moacir Gadotti. *Op. cit.*, p. 31.

MOVIMENTOS SOCIAIS NO BRASIL

sobre o sujeito e a sociedade são antagonistas. As/os agentes da práxis, que também são atuantes nas organizações sociais, ao propor o embate e expor as opressões estruturais, apoderam-se de uma "radical exigência",[20] que significa a restauração de sua humanidade roubada.

No cerne dessas ações transformadoras, saliento o processo de conscientização vivido pelas/os integrantes dos movimentos, a partir do qual é possível se autorreconher como sujeitas/os sociopolíticas/os. Nas palavras de Maria da Glória Gohn:

> A categoria sujeito confere protagonismo e ativismo aos indivíduos e grupos sociais, transforma-os de atores sociais, políticos e culturais, em agentes conscientes de seu tempo, de sua história, de sua identidade, de seu papel como ser humano, político, social: o sujeito é reconhecido – objetivamente, e reconhece-se subjetivamente – como membro de uma classe, de uma etnia, parte de um gênero, uma nacionalidade, e muitas vezes de uma religião, culto ou crença. Os sujeitos se constituem no processo de interação com outros sujeitos, em instituições, privadas e públicas, estatais ou não.[21]

Como resultado desse processo de autorreconhecimento, projetos políticos são construídos, metodologias são sistematizadas, novos modos de ações coletivas surgem: Pedagogias são gestadas. Pedagogias engajadas, que compartilham com a educação e com a sociedade novas possibilidades político-pedagógicas.

---

20 Paulo Freire. *Pedagogia do Oprimido*, 1981, p. 38.
21 Maria da Glória Gohn. "Paulo Freire e a formação de sujeitos sociopolíticos", 2004, p. 18.

PEDAGOGIAS DAS TRAVESTILIDADES

Buscando discutir as intencionalidades das organizações sociais, pesquisadoras/es apontam como as pautas se ampliaram no século xx a partir do surgimento dos chamados "novos movimentos sociais",[22] formados por grupos identitários heterogêneos, mas que quando unidos demonstram a potência de coalizões. Em 1979, por exemplo, a convite do Centro Acadêmico do curso de Ciências Sociais da Universidade de São Paulo, o Movimento Negro, Movimento Feminista, Movimento Homossexual e Movimento Indigenista realizaram um debate sobre movimentos sociais e emancipação.[23]

Hoje, as diferentes demandas sociais exigem ser lidas à luz da interseccionalidade. Intelectuais negras, como Kimberlé Crenshaw[24] e Carla Akotirene,[25] propõem o uso desse conceito como uma ferramenta potente para abordar o entrecruzamento das opressões. Essa categoria, por propiciar uma análise de conjuntura que imbrica gênero, raça, sexualidade e classe, entre outros marcadores, permite o reconhecimento da "inseparabilidade estrutural do racismo, capitalismo e cis-heteropatriarcado".[26] Atualmente,

---

22 Maria da Glória Gohn. "Associativismo civil e movimentos sociais populares em São Paulo", 2008, p.135.

23 Júlio Assis Simões e Regina Facchini. *Na trilha do arco-íris: do movimento homossexual ao LGBT*, 2009.

24 Kimberlé Crenshaw. "Demarginalizing the Intersection of Race and Sex: A Black Feminist Critique of Antidiscrimination Doctrine, Feminist Theory and Antiracist Politics", v. 1989.

25 Carla Akotirene. *O que é interseccionalidade?*, 2018.

26 *Idibem*, p. 14. O conceito "cis-heteronormatividade" é proposto por transfeministas a fim de evidenciar o caráter normativo que a cisgeneridade e a heterossexualidade ocupam na constituição de nossa identidade. A designação compulsória do binarismo de gênero (homem/mulher) diante do que foi compreendido como sexo biológico (macho/fêmea) constitui a cisnormatividade. Do mesmo modo, a compulsoriedade vivida socialmente em relação às dimensões afetivo-sexuais, em que o relacionamento entre gêneros opostos é a forma hegemônica ou "correta" de se relacionar afetiva e sexualmente, constitui a

MOVIMENTOS SOCIAIS NO BRASIL

muitas/os daquelas/es que se encontram nessa encruzilhada das múltiplas identidades (mulher, negra, LGBTQIA+) sugerem que as ações coletivas organizadas de combate ao autoritarismo social[27] não devem agir de modo a fragmentar nossa identidade.

É sabido que cada movimento possui sua singularidade. No entanto, o entrecruzamento das opressões tem se concretizado nas esferas sociopolítica, cultural e educativa. Por isso, ressalto a potencialidade de coalizões entre as mais diversas pautas como as lutas por moradia, pelos direitos das mulheres, pelo fim da exploração trabalhista, por práticas antirracistas, pelo reconhecimento da LGBTQIA+fobia etc. Ainda que com contradições e ambivalências, acredito ser possível uma frente ampla pela construção democrática. Ao realizar essas abordagens devemos levar em conta as proposições críticas que os movimentos sociais apresentam. É por meio da atuação deles – no chão de cidades, quilombos, assentamentos e outros – que o Brasil e toda a América Latina vêm ampliando o olhar sobre seus fatos históricos e políticos.

Por que os movimentos disputam a educação e o conhecimento?

Paulo Freire afirma: "Toda prática educativa implica uma concepção dos seres humanos e do mundo."[28] Por isso, abordar os

---

heteronormatividade. Para compreender em profundidade as discussões sobre cis-heteronormatividade, indico os ensaios de Beatriz Bagagli e Jaqueline Gomes de Jesus que citamos no capítulo "Primeiras inquietações" deste livro.

27 Evelina Dagnino. "Os movimentos sociais e a emergência de uma nova noção de cidadania", 2004.

28 Paulo Freire. *Ação cultural para a libertação*, 1976, p. 42.

movimentos sociais a partir de suas inquietações sobre a educação revela o papel central da pedagogia na construção de cidadanias crítico-reflexivas, capazes de transformar os contextos de exploração e de desumanização naturalizados.

Ao discutir e sistematizar as proposições acordadas coletivamente pela sociedade civil brasileira na década de 1980, Maria da Glória Gohn identifica o surgimento de "demandas educacionais na sociedade" e de "demandas por educação escolar".[29] O estudo da relação entre os movimentos sociais e o ensino nos mostra que as organizações populares não só elegeram a educação como parte fundamental da construção de suas cidadanias críticas como também evidenciaram a importância da participação e da contribuição ativa da sociedade civil em quaisquer desdobramentos institucionais sobre o tema.

Na atuação no Plenário Pró-Participação Popular na Constituinte ou mesmo durante os oito anos de discussão sobre a Lei de Diretrizes e Bases da Educação Nacional, os movimentos sociais progressistas buscaram defender seus interesses nas disputas políticas em torno do ensino público e de qualidade. Ainda que críticas possam ser feitas a respeito das negociações que permearam as reformas do sistema educacional brasileiro, gostaria de destacar a importância histórica da práxis político-pedagógica das/os educadoras/es organizadas/os durante o processo de tramitação da LDB.

As proposições apresentadas nesses debates se fundamentaram em concepções geradas a partir da realidade escolar. Em sua esfera micropolítica, que é complexa e diversa, a escola exigiu do âmbito macropolítico um manejo institucional para viabilizar a educação democrática. Os mecanismos democratizadores e de

---

29 Maria da Glória Gohn. *Op. cit.*, 2012, p. 65.

MOVIMENTOS SOCIAIS NO BRASIL

participação instituídos pela legislação educacional[30] traduzem a matriz teórico-prática compartilhada pelas/os sujeitas/os da práxis, educadoras/es engajadas/os que atuaram tanto em sala de aula quanto no Congresso Nacional.

O olhar trazido pelos movimentos de educadoras/es dá sentido ao que Iria Brzezinski chamou de "embates entre projetos antagônicos de sociedade e de educação".[31] Para a autora, o projeto dessas/es sujeitas/os tem sido marcado pela defesa permanente da cidadania, uma vez que problematiza continuamente as leituras empresariais (resultantes da globalização neoliberalizante) que buscam orientar as políticas educacionais para a exclusão social e o pensar-agir conforme o grupo dominante.

A ideia de haver projetos político-pedagógicos antagônicos disputando os sentidos e as políticas educacionais é valiosa. Esse campo, principalmente a partir da difusão das teorias críticas educacionais, conquistou dinamismo histórico. Diante da entrada de "novos/velhos atores sociais"[32] nos espaços escolares e universitários, indagações insurgem e desestabilizam os cânones instituídos.

O exímio livro *Outros Sujeitos, Outras Pedagogias,* de Miguel González Arroyo, é importante para pensarmos a maneira pela qual a educação construiu certos grupos/sujeitos como "Outras/os". Arroyo evidencia o reforço da teoria educativa e das pedagogias nos processos de dominação e de desumanização. Nessa perspectiva, qualquer presunção de neutralidade do ensino –

---

30 Eliete Santiago. "O projeto político pedagógico enquanto mecanismo de gestão democrática", 2009, p. 96.

31 Iria Brzezinski. "Tramitação e desdobramentos da LDB/1996: embates entre projetos antagônicos de sociedade e de educação", 2010.

32 Nessa conceituação, sujeitos antes apenas marginalizados passam a ter protagonismo na educação, por isso o binômio "novo/velho". *Ver* Miguel G. Arroyo. *Op. cit.*, p. 26.

política, pedagógica ou epistêmica – é descartada. A educação é compreendida, também, como produtora de certos "mecanismos sacrificiais" institucionais – aqueles que tornam insustentável a permanência dessas/es "Outras/os" nos espaços educativos.[33]

Por vezes, surgem discussões a respeito das consequências desses mecanismos, como a evasão e o baixo desempenho escolar ou até mesmo sobre o comportamento das/os educandas/os, as quais deixaram de situar os processos históricos que permeiam a construção subjetiva desses grupos específicos. Descortinar ou desocultar a realidade possibilita a educadoras/es críticas/os uma leitura complexa dos índices apresentados como justificativa para certas políticas educacionais de "ajuste" de suas/seus educandas/os.

Foi do interesse dos movimentos sociais revisitar uma história em comum com o propósito de repensar os processos pedagógicos a partir dos quais elas/es foram construídas/os como pessoas indesejáveis na/para a sala de aula. "Indesejáveis" não só no sentido de a presença física não ser bem-vinda, mas também porque trazem consigo outras possibilidades educativas, que confrontam diretamente as pedagogias dominadoras/subalternizantes pelas quais foram desumanizadas/os.

Claudia Miranda[34] nomeia como "insurgências" e "deslocamentos intelectuais" o conflito político-pedagógico-epistemológico que as organizações populares – dando ênfase para o Movimento Negro – apresentam nos espaços de poder que decidem disputar. Nesse sentido, políticas públicas que foram implementadas, como a inclusão da obrigatoriedade do ensino de História e Cultura Afro-Brasileira

---

33 *Ibidem*, p. 55.
34 Claudia Miranda. "Das insurgências e deslocamentos intelectuais negros e negras: movimentos sociais, universidade e pensamento social brasileiro, século xx e xxi", 2018.

MOVIMENTOS SOCIAIS NO BRASIL

(Lei 10.639/2003), dizem respeito aos embates desenvolvidos por essas/es sujeitas/os ao adentrarem instituições como as universidades e questionarem o "latifúndio do saber" em prol do reconhecimento igualitário de suas epistemologias.[35] Como resultado, a partir dos saberes construídos pela práxis político-pedagógica dos movimentos sociais, as bibliografias oficiais e as políticas educacionais são deslocadas. Arroyo afirma:

> A presença dos Outros na agenda política e até pedagógica se torna extremamente incômoda ao pensamento pedagógico porque os obrigam [os poderes hegemônicos] a se entender inseparável das formas políticas, culturais e de sua produção/conformação como subalternos.[36]

A história em comum dessas/es sujeitas/os – fetichizadas/os como excluídas/os e desiguais pela academia e pelas políticas educacionais – desencadeou discussões, principalmente no que se refere ao currículo: área em que as representações partem da ótica do grupo dominante.[37] Por isso, os obstáculos para a construção de um currículo decolonial residem, sobretudo, na difusão geral de um ponto de vista que é específico (branco, ocidental, masculino e cis-heteronormativo), mas que se pressupõe universal e síntese da história de toda a humanidade.

Estou aqui falando sobre currículos epistemicidas, aqueles perpetuadores do silenciamento colonial e que difundem um cânone excludente em contraposição à pluralidade de vozes e histórias,

---

35 Miguel G. Arroyo. *Op. cit.*, p. 35.
36 *Ibidem*, p. 11.
37 Maria Clara Araújo dos Passos. "O currículo frente à insurgência decolonial: constituindo outros lugares de fala", 2019.

PEDAGOGIAS DAS TRAVESTILIDADES

ressoantes e diversas. Diante disso, se propõe coletivamente a construção de currículos decoloniais, que partam de outras cosmovisões, como a amefricana e a indígena, e não só a europeia. Isso, inclusive, é o que as leis nº 10.639/2003 e nº 11.645/2008 estabelecem.

A luta pela construção de cidadanias crítico-reflexivas, capazes de pensar e intervir na sociedade, perpassa o campo do conhecimento, uma vez que a práxis político-pedagógica dos movimentos sociais constrói saberes insurgentes. Isso é feito a partir de ações que buscam recontar a história oficial e tensionar o campo educacional, fazendo com que as chamadas linhas abissais[38] sejam eliminadas.

Movimentos sociais e voz libertadora

Ao analisar a bibliografia sobre os movimentos sociais, é bastante comum encontrar associações entre as ações realizadas por eles ao conceito de empoderamento. Nesse contexto, Joice Berth é a autora que mais se aproxima da compreensão que desenvolvo aqui:

> [...] o empoderamento como teoria está estreitamente ligado ao trabalho social de desenvolvimento estratégico e recuperação consciente das potencialidades de indivíduos vitimados pelos sistemas de opressão e visam principalmente à libertação social de todo um grupo, a partir de um processo amplo e em diversas frente de atuação, incluindo a emancipação intelectual.[39]

---

38 Boaventura de Sousa Santos. "Para além do pensamento abissal: das linhas globais a uma ecologia de saberes", 2010a.
39 Joice Berth. *O que é empoderamento?*, 2018, p. 34.

Para Berth, Paulo Freire e sua "teoria da conscientização" são percursores da "teoria do empoderamento". Concordo com a autora, uma vez que, na perspectiva freireana, o indivíduo detém consigo uma vocação que o leva permanentemente em busca de sua humanização – processo que diz respeito a uma afirmação ontológica frente aos processos de desumanização que roubam esse reconhecimento.

A Pedagogia do Oprimido, escrita pelas/os sujeitas/os marcadas/os pela realidade da desumanização, é resultado da afirmação ontológica dessas/es oprimidas/os em busca permanente pela libertação coletiva, e não só individual. Em seu caminho à humanização, elas/es reconhecem a importância de articular a ação e a reflexão, opondo-se radicalmente ao autoritarismo social.[40]

A emancipação intelectual descrita por Joice Berth filia-se ao pensamento freireano ao denunciar o silenciamento e outras formas de dominação político-epistemológica, que inviabilizam a reflexão crítica das/os sujeitas/os sociopolíticas/os. Nas palavras de Paulo Freire:

> A existência, porque humana, não pode ser muda, silenciosa, tampouco pode nutrir-se de falsas palavras, mas de palavras verdadeiras, com que os homens transformam o mundo. Existir, humanamente, é pronunciar o mundo, é modificá-lo [...] não é no silêncio que os homens se fazem, mas na palavra, no trabalho, na ação-reflexão.[41]

Agregando ainda mais elementos à tese freireana, Nelson Maldonado-Torres acredita que a desqualificação imposta às epistemologias construídas por aquelas/es prescritas/os como "Outras/os"

---

40 Evelina Dagnino. *Op. cit.*
41 Paulo Freire. *Op. cit.*, 1981, p. 92.

faz parte de uma "negação ontológica"[42] imputada pelo projeto moderno/colonial. Nesse sentido, o enfrentamento a esse tipo específico de violência e à desqualificação epistêmica reafirma o estreito laço entre o direito ao conhecimento e o direito à existência.

As/os integrantes dos movimentos sociais reconhecem o dever ontológico de afirmar a própria existência e os seus saberes insurgentes como parte de um projeto que apresenta para a sociedade novas condições de poder, saber e ser. Conscientes da história em que foram descritas/os, categorizadas/os e inferiorizadas/os, elas/es reivindicam condições de escrever suas próprias narrativas e de alcançar as ferramentas que possibilitam a construção de suas próprias pedagogias.

Entre as fortes mudanças paradigmáticas que o campo educacional brasileiro tem presenciado nos últimos anos – sobretudo a partir das ações afirmativas –, está a "transição de objeto para sujeito"[43] vivida pelas/os oprimidas/os. Para a intelectualidade feminista negra insurgente, esse processo se revela no poder escrever/falar sobre sua própria história como um ato humanizante:

> Fazer a transição do silêncio à fala é, para o oprimido, o colonizado, o explorado, e para aqueles que se levantam e lutam lado a lado, um gesto de desafio que cura, que possibilita uma vida nova e um novo crescimento. Esse ato de fala, de "erguer a voz", não é um mero gesto de palavras vazias: é uma expressão de nossa transição de objeto para sujeito – a voz liberta.[44]

---

42 Nelson Maldonado-Torres. "Sobre la colonialidad del ser: contribuciones al desarrollo de un concepto", 2007, p. 145.
43 Sobre esse processo, *ver* bell hooks. *Erguer a voz*, 2019, p. 39.
44 *Ibidem*, p. 39.

Fortemente inspirada por Paulo Freire, bell hooks também parte do princípio de que é na práxis que as transformações se tornam possíveis. Para a autora, a condição desumanizante de objeto – prescrição histórica direcionada às mulheres negras – é enfrentada à medida que uma voz libertadora é articulada.

Nessa visão, a voz erguida das mulheres negras, organizadas e posicionadas politicamente em uma luta antirracista que reeduca a sociedade, o Estado e o ensino,[45] tem sido parte fundante do processo autorrecuperativo e autotransformador para esse grupo tornar-se sujeito.

No livro *Erguer a voz: pensar como feminista, pensar como negra*, bell hooks apresenta uma ideia de práxis que contesta a realidade opressora ao mesmo tempo que resgata suas lembranças sobre as educadoras negras no período da segregação racial nos Estados Unidos. Essas mulheres introduziram em suas práticas outras compreensões de mundo, reafirmando a concepção freireana que entrelaça educação, conscientização e transformação, uma vez que permitem às/aos educandas/os negras/os "focar de forma clara e nítida, olhar para nós mesmos e para o mundo ao redor crítica e analiticamente [...] nos esforçando pela completude, pela união de coração, mente, corpo e espírito".[46]

O entrelaçamento entre o político e o pedagógico tem posicionado a educação como uma prática da liberdade nas relações sociais. Apresentada originalmente por Paulo Freire, essa reflexão inspira intelectuais há décadas a esmiuçarem as condicionantes dessa urdidura e a compreender quais são os desdobramentos de múltiplas práxis político-pedagógicas.

---

45 Nilma Lino Gomes. *Op. cit.*, 2017.
46 bell hooks. *Op. cit.*, 2019, p. 114.

No que se refere aos movimentos sociais progressistas da **América** Latina, incluindo o de Travestis e Mulheres Transexuais no Brasil, **a** construção de uma cidadania crítico-reflexiva tem se dado por meio da reflexão em torno da realidade opressora e de sua superação, transformando "os discursos dominantes e as práticas excludentes".[47] Quando Miguel Arroyo instiga que questionemos em quais "processos formadores se aprenderam sujeitos de direitos",[48] ele nos incentiva a incluir, na teoria socioeducativa e pedagógica, outros saberes, outras pedagogias, que foram gestados pelos "sujeitos pedagógicos"[49] pertencentes a esses movimentos.

Por reconhecer a contribuição de sua agência contra o apagamento de existências e saberes, falarei agora mais diretamente sobre a capacidade do Movimento de Travestis e Mulheres Transexuais no Brasil, ao longo de seus trinta anos de atuação organizada, intervir na realidade nacional.

---

47 Sonia E. Alvarez, Evelina Dagnino e Arturo Escobar. *Op. cit.*, p. 30.
48 Miguel G. Arroyo. *Op. cit.*, p. 9.
49 *Ibidem*, p. 25.

2. "Unid@s construindo uma nova realidade social": o Movimento de Travestis e Mulheres Transexuais no Brasil

"Unid@s construindo uma nova realidade social" foi o tema que traduziu os interesses coletivos do VII Encontro Nacional de Travestis e Liberados que Trabalham com Aids (Entlaids), realizado em 1999, em Fortaleza (CE). Para as travestis organizadas no evento, o fim da década de 1990 e a aproximação do novo milênio representavam a possibilidade de um outro amanhã. Construir uma nova realidade social implicaria intervir em questões compartilhadas por elas em todas as regiões do Brasil: o empobrecimento, a falta de acesso coletivo à cidadania e as sucessivas violências institucionais.

A transformação social, no entanto, só é possível quando o autorreconhecimento crítico é construído. E é necessário enfatizá-lo como uma construção, uma vez que parto da premissa freireana de que não é possível depositar consciência crítica no outro. No caso específico das travestis que organizaram os Entlaids, esse autorreconhecimento se deu graças aos diálogos estabelecidos entre elas próprias nesse espaço público de construção democrática alternativa.

Esmiuçar os "emaranhados"[1] constitutivos do Movimento de Travestis e Mulheres Transexuais no Brasil é o desafio colocado para as/os pesquisadoras/es na conjuntura contemporânea – em que os campos progressistas são continuamente inquiridos pelas reivindicações da população de travestis e transexuais. Contudo, essas/es pesquisadoras/es encontrarão os mesmos desafios com que eu me defrontei: uma parte considerável dos registros da história do Movimento de Travestis e Mulheres foram perdidos. Por isso, a história oral se torna uma das principais ferramentas para que esse percurso seja reconstituído, ainda que não em sua totalidade. A ausência de certos detalhes durante esse capítulo reflete a perda desses documentos.

Este livro é uma das respostas possíveis a esse desafio.

Formação do Movimento de Travestis e Mulheres Transexuais no Brasil

Para compreender a formação do Movimento de Travestis e Mulheres Transexuais no Brasil, é preciso antes passar pelas discussões e ações organizadas pelas trabalhadoras sexuais no final da década de 1970, em meio à ditadura civil-militar. As contestações diante do regime autoritário se configuraram como uma influência importante para a tomada de consciência das travestis.

Ainda que alguns atores busquem ocultar a forma como a ditadura lidou com questões de gênero e sexualidade, a reconstrução dessa memória está sendo feita por pesquisadoras/es, como Carolina Bonomi, James N. Green, Rafael Freitas Ocanha e Renan

---

1 Gilson Goulart Corrijo et al. "Movimentos emaranhados: travestis, movimentos sociais e práticas acadêmicas", 2019, p. 1.

"UNID@S CONSTRUINDO UMA NOVA REALIDADE SOCIAL"

Quinalha. As possibilidades e as limitações da organização dos movimentos progressistas daquele momento vêm sendo apontadas, evidenciando, por exemplo, o poder de agência coletiva da comunidade LGBTQIA+ e das trabalhadoras sexuais, em um momento em que a política sexual[2] moralista e conservadora vigiou os corpos, inclusive, por meio de dispositivos jurídicos. Um exemplo disso foi o uso generalizado da contravenção penal de vadiagem, constantemente acionada contra as trabalhadoras sexuais, fossem elas mulheres cisgêneras ou travestis.[3]

De todo modo, a literatura acadêmica é seletiva em relação a quais sujeitas/os sociopolíticas/os e modos de mobilização deveria investigar. Isso seria um reflexo da maneira como alguns interesses buscam invisibilizar determinados temas. Renan Quinalha, que pesquisa as violações contra as dissidências sexuais e de gênero[4] na "ditadura hétero-militar",[5] desvela a negligência por parte de alguns integrantes das Comissões da Verdade nesse sentido. E mostra como a ininteligibilidade[6] vivida pelas dissidências sexuais e de gênero se traduz na revisão histórica de quais fatos políticos e sociais foram reconhecidos como relevantes para essas investigações:

---

2 Renan H. Quinalha. "Uma ditadura hétero-militar: notas sobre a política sexual do regime autoritário brasileiro", 2018.

3 Nesse momento no Brasil, a identidade "travesti" era predominante. O debate acerca de outras identidades, como é o caso da identidade "transexual", chegou em nosso país apenas nos anos 1990 e ganhou força nos 2000. Discutirei essa questão mais a diante.

4 Embora Quinalha argumente que "homossexualidades era o termo usado até começo dos anos 1990 para se referir ao conjunto de orientações sexuais e identidades de gênero consideradas não normativas ou dissidentes", neste livro não faço uso do termo nessa conotação. Opto por "dissidências sexuais e de gênero".

5 Renan H. Quinalha. *Op. cit.* p. 15.

6 Gilson Goulart Corrijo et al. *Op. cit.*

PEDAGOGIAS DAS TRAVESTILIDADES

Ao contrário da maior parte dos outros assuntos tratados pelas Comissões da Verdade, sobre os quais já havia uma quantidade razoável de material produzido pela academia e pelos próprios ex-perseguidos na reconstrução das memórias do período, em relação às homossexualidades na ditadura não se verificava, até então, um grande número de pesquisas feitas ou mesmo depoimentos em primeira pessoa que poderiam servir de ponto de partida.[7]

A despeito disso, o Movimento LGBTQIA+ tem procurado reconstruir os caminhos percorridos. No que se refere às travestis que exerciam trabalho sexual na cidade de São Paulo a partir dos anos 1970 – momento que coincide com a emergência dos "tempos dos hormônios"[8] –, pesquisas como as de Rafael Freitas Ocanha[9] e James N. Green resgatam a narrativa de periculosidade, que foi articulada e defendida por parte da Polícia Civil.

A publicação da Portaria nº 390/1976 da Delegacia Seccional do Centro de São Paulo autorizou prisões arbitrárias de travestis a fim de realizar "averiguações". O intuito da ação era informar aos juízes sobre o grau de "periculosidade" delas e, logo, sobre as possíveis implicações de deixá-las circularem livremente pela cidade – quando a presença delas se tornava incontornável. Nesse mesmo período, por

---

7 Renan H. Quinalha. *Op. cit.*, p. 17.

8 O surgimento de determinados fármacos para a hormonização de corpos dissidentes se opõe ao "tempo da peruca", em que o termo "travesti" era associado a uma prática eventual e privada. *Ver* Elias Veras. *Travestis: carne, tinta e papel*, 2020.

9 Rafael Ocanha, em sua dissertação, refere-se às travestis com o pronome de tratamento masculino. O Movimento de Travestis e Mulheres Transexuais no Brasil vem exercendo um trabalho exaustivo ao afirmar que o pronome de tratamento correto é o feminino quando se refere às travestis.

"UNID@S CONSTRUINDO UMA NOVA REALIDADE SOCIAL"

encomenda da Polícia Civil paulistana, o delegado Guido Fonseca realizou um estudo de criminologia com as travestis arbitrariamente detidas – pesquisa realizada à revelida delas. Após ter acesso a documentos de circulação interna da Polícia Civil daquele período, Rafael Ocanha registra que:

> Entre 14 de dezembro de 1976 e 21 de julho de 1977, 460 travestis foram sindicados [*sic*] para o estudo, sendo lavrados 62 flagrantes, contabilizando 13,5% do total. O resultado mostra que 398 travestis foram importunados [*sic*] com interrogatório, sem serem vadios [*sic*], e obrigados [*sic*] a demonstrar comprovação de trabalho com mais exigências que o restante da população. Já que a Portaria 390/1976 da Delegacia Seccional Centro estabelecia que travestis deveriam apresentar RG e Carteira de Trabalho acompanhada de xerocópia, a qual era encaminhada pela autoridade policial à delegacia seccional para arquivo destinado somente aos [*sic*] travestis.[10]

Carolina Bonomi indica que em 1979 o Centro de São Paulo, especificamente as regiões chamadas Boca do Lixo e Boca do Luxo, localizadas na região central da capital paulistana, foram palco de intensas violências institucionais contra travestis e mulheres cisgêneras trabalhadoras sexuais.[11] O delegado José Wilson Richetti, por sua vez, ao se tornar responsável pela Seccional do Centro de São Paulo, em 1980, esteve à frente da perseguição específica das

---

10 Rafael Freitas Ocanha. *"Amor, feijão, abaixo camburão": imprensa, violência e trottoir em São Paulo (1979-1983)*, 2014, p. 60.
11 Carolina Bonomi. *"Mulher da vida, é preciso falar": um estudo do movimento organizado de trabalhadoras sexuais*, 2019.

travestis que transitavam pela região – fosse para exercer trabalho sexual ou não. Esse tipo de ação foi apoiada pela mídia paulistana à medida que a estigmatização como "perigosas" estampou capas de jornais, como foi o caso da matéria do *O Estado de S. Paulo*, com o título "PERIGO! A invasão dos travestis", publicada em uma das edições especiais de sexta e sábado, em março de 1980.

Ana Flor Fernandes Rodrigues, em diálogo com Rafael Ocanha, afirma:

> As instituições policiais carregavam consigo um projeto transfóbico de higienização social comandado pelo delegado José Wilson Richetti [...]. É possível encontrar relatos onde as travestis apontam que estavam sendo assassinadas e alvejadas pela equipe de milicos chefiadas por Richetti com apoio de empresas, bares e restaurantes que não aceitavam que as meninas trabalhassem enquanto profissionais do sexo ao redor de seus estabelecimentos. As travestis, com ou sem intenção, desafiavam as ordens e os regimes estabelecidos por ditaduras que arquitetaram não só um modelo de sociedade, mas também um modelo de vida e de corpo.[12]

Embora Carolina Bonomi e Renan Quinalha considerem que a continuidade dos abusos por parte do Estado resultou em certa desmobilização dos movimentos que estavam sendo gestados, 1979 representa um ano importante para o que, em 1992, se tornaria a primeira organização estruturada de travestis no Brasil.

---

12 Ana Flor Fernandes Rodrigues. "Quem não quer as travestis nas escolas? Uma volta até a ditadura militar no Brasil", 2019, p. 199.

"UNID@S CONSTRUINDO UMA NOVA REALIDADE SOCIAL"

Em 1979, aconteciam prisões arbitrárias de travestis por todo o país, situação que perdurou mesmo após a redemocratização, como apontam Céu Cavalcanti, Roberta Barbosa e Pedro Paulo Bicalho.[13] Nesse período, a Polícia Civil em Vitória, no Espírito Santo, realizava a Operação Pente-Fino, que consistia em batidas policiais que resultavam em prisões "para averiguação", como alegavam. A ação foi responsável por violentar e privar de liberdade arbitrariamente trabalhadoras sexuais que transitavam na região central, nas imediações da avenida Beira-Mar, do Parque Moscoso e do bairro Vila Rubim.

Em São Paulo, a violência capitaneada pela polícia levou um grupo de trabalhadoras sexuais, incluindo Gabriela Leite – importante ativista falecida em 2013 –, a articular um grande ato de contestação. Ao mesmo tempo, em Vitória, as trabalhadoras sexuais começavam a desenvolver um senso de responsabilidade social e política a partir da própria realidade.

Jovanna Cardoso da Silva, conhecida como Jovanna Baby, foi figura central nessa história. Segundo o seu livro *Bajubá Odara*, que traz um resumo histórico do Movimento de Travestis e Mulheres Transexuais no Brasil,[14] em fevereiro de 1979, ela – que na época era trabalhadora sexual – foi presa durante a Operação Pente-Fino enquanto estava na fila para comprar ingresso para o filme *Teixeirinha a 7 provas*, no Cine Santa Cecília, localizado no Centro de Vitória.

Diante dos ataques constantes da polícia, Bianca, mulher cisgênera, convocou as demais trabalhadoras – cisgêneras e tra-

---

13 Céu Cavalcanti, Roberta Brasilino Barbosa e Pedro Paulo Gastalho. "Os tentáculos da tarântula: abjeção e necropolítica em operações policiais a travestis no Brasil pós-redemocratização", 2018.
14 Jovanna Baby Cardoso da Silva. *Bajubá Odara: resumo histórico do nascimento do movimento de travestis e transexuais no Brasil*, 2021.

PEDAGOGIAS DAS TRAVESTILIDADES

vestis – da região, a pensarem coletivamente sobre possibilidades de intervir a partir de uma organização política. Em um período em que movimentos, sindicatos e associações emergiram em contraposição às mais diversas formas de violações perpetradas pelo Estado autoritário, a organização política das trabalhadoras sexuais de Vitória se propôs a acionar e a pressionar o poder público para serem tratadas com dignidade.

Assim surgiu a Associação Damas da Noite, formada por trabalhadoras sexuais de Vitória, e entre elas estava Jovanna Cardoso. A entidade foi importante para proporcionar a essas mulheres cisgêneras e travestis a aprendizagem sobre ações coletivas e atuação político-institucional. A partir disso, acionaram tanto o município de Vitória quanto o estado do Espírito Santo para a asseguração de seus direitos.

É importante ressaltar que, no que se refere às prisões arbitrárias e ao acesso a outros meios de trabalho, foram pactuados compromissos, como a oferta de capacitação profissional promovida pelo próprio estado. Por parte das trabalhadoras sexuais, elas acordaram cuidar dos espaços públicos pelos quais transitavam.

Essa iniciativa nos informa sobre como os movimentos sociais brasileiros se constituíram como um "campo de atividades e experimentação social" gerador "de criatividade e inovações socioculturais",[15] ainda que a conjuntura fosse desfavorável, em plena ditadura civil-militar.

No início da década de 1990, Gabriela Leite e Célia Sterenfeld[16] convidaram Jovanna Cardoso, quando todas já ha-

---

15 Maria da Glória Gohn. *Op. cit.*, 2011, p. 336.
16 Segundo os relatos feitos por Jovanna Cardoso, Célia Sterenfeld atuava como psicóloga no Instituto Superior de Estudos da Religião. Carolina Bonomi é uma das autoras que resgatam certa importância do ISER no início do Movimento de

"UNID@S CONSTRUINDO UMA NOVA REALIDADE SOCIAL"

viam se mudado para o Rio de Janeiro, para conhecer as ações de prevenção ao HIV/aids desenvolvidas pelo Instituto Superior de Estudos da Religião (ISER). Jovanna costuma relembrar como Gabriela e Célia destacavam sua desenvoltura à época. Por isso, ela passou a fazer parte do Projeto Saúde na Prostituição, desenvolvido pelo ISER e financiado pelo Programa Nacional de DST e Aids do Ministério da Saúde.[17] Jovanna atuou como agente multiplicadora em pontos de prostituição da capital carioca, sendo remunerada com um salário mínimo.

Os pontos de prostituição no Rio de Janeiro em que Jovanna atuou como conscientizadora tornam-se espaços públicos de construção de autorreconhecimento crítico. Ou seja, sua figura de liderança chamou atenção de outras travestis, interessadas em descobrir como acessar mecanismos que lhes permitiriam afirmar sua condição de cidadã. Isso revela a potência desses pontos de prostituição como espaços de tomada de consciência política e coletiva.

Vera da Silva Telles assevera que espaços públicos são fundamentais para a compreensão dos agenciamentos em torno dos direitos sociais. Assim, esses se situam no emaranhado das relações sociais, e os espaços públicos se configuram como lugar privilegiado em que as/os sujeitas/os reivindicam seus direitos. Em suas palavras, espaços públicos são locais:

Trabalhadoras Sexuais e as complexidades que envolveram esse processo. *Ver* Carolina Bonomi, *"Mulher da vida, é preciso falar": um estudo do movimento organizado de trabalhadoras sexuais*, 2019.

17 A política pública de prevenção às DSTs e à aids passou por diversas reformulações e nomes. O Departamento de DSTs, aids e hepatites virais do Ministério da Saúde foi criado em 1986 com o intuito de cuidar exclusivamente de doenças sexualmente transmissíveis, e se tornou referência mundial no combate ao vírus HIV. No ano de 2019 o setor foi fundido e ganhou atribuições de estratégias de saúde pública relacionadas a outros tipos de doenças virais como tuberculose e hanseníase. O nome do setor passou a ser, então, Departamento de Doenças de Condições Crônicas e Infecções Sexualmente Transmissíveis.

PEDAGOGIAS DAS TRAVESTILIDADES

> Nos quais valores circulam, argumentos se articulam e opiniões se formam; e nos quais, sobretudo, a dimensão ética da vida social pode se constituir em uma moralidade pública através da convivência democrática com as diferenças e os conflitos que elas carregam [...].[18]

Esses lugares se constituem como:

> Arenas públicas nas quais os conflitos ganham visibilidade, os sujeitos coletivos se constituem como interlocutores válidos e os direitos estruturam uma linguagem pública que delimita os critérios pelos quais as demandas coletivas por justiça e igualdade podem ser problematizadas e avaliadas.[19]

Em um momento em que as ONGS se consolidavam como um dos espaços de atuação dos movimentos sociais brasileiros, o diálogo construído por Jovanna Cardoso com o ISER propiciou às travestis conhecimento de seus direitos e assistência jurídica. A criação de uma associação em que as travestis discutissem interesses coletivos, com ênfase no enfrentamento à violência perpetrada pelo Estado, teve início como resposta a uma determinação do então prefeito do Rio de Janeiro Marcello Alencar (PDT), em 1991. Segundo a decisão, a Guarda Municipal deveria prender as travestis trabalhadoras sexuais, do Aeroporto Santos Dumont até Ipanema – o que equivale a aproximadamente doze quilômetros.

Preocupada com a situação, uma reunião foi convocada por Jovanna Cardoso na sede do ISER para que as travestis discutissem

---

18 Vera da Silva Telles. "Sociedade civil e a construção de espaços públicos", 2004, p. 92.
19 Sonia E. Alvarez, Evelina Dagnino e Arturo Escobar. *Op. cit.*, p. 43.

"UNID@S CONSTRUINDO UMA NOVA REALIDADE SOCIAL"

formas de contestar essa ação arbitrária. Setenta travestis compareceram para definir como se organizar frente a esse autoritarismo.[20] O advogado da instituição atuou junto a elas contra a operação e, por fim, a ação da Guarda Municipal foi deslegitimada pela Polícia Militar.

Contudo, a prática de privação de liberdade arbitrária contra as travestis trabalhadoras sexuais continuou recorrente. Por essa razão, ainda segundo Jovanna Cardoso,[21] reuniões semanais foram realizadas. Para além dela, outras cinco travestis participavam assiduamente: Elza Lobão, Josy Silva, Beatriz Senegal, Monique du Bavieur e Claudia Pierre France. Superada a ditadura civil-militar, a persistência da violência institucional contra as travestis brasileiras na década de 1990 – período histórico e político compreendido como "Brasil redemocratizado" – torna visíveis as linhas abissais que impediram – e impedem – essa população de acessar o direito à dignidade humana e à cidadania.

Pensar que a violência do Estado[22] contra as travestis não cessou mesmo após os avanços da Constituição democrática de 1988 exige compreender o autoritarismo para além de um regime de governo. O autoritarismo social, de acordo com Evelina Dagnino, está relacionado ao "ordenamento social presidido pela organização hierárquica e desigual do conjunto das relações sociais".[23] Por isso, apenas a transição de um regime político para outro – do autoritário para o democrático – não foi suficiente para garantir às travestis

---

20 Jovanna Baby Cardoso da Silva. *Op. cit.*, p. 21.
21 *Ibidem*, p. 22.
22 Assim como Thiago Coacci, saliento que, durante esse período histórico, as travestis enxergavam na polícia a figura do Estado. *Ver* Thiago Coacci, *op. cit.*, 2018.
23 Evelina Dagnino. *Op. cit.*, p. 104.

PEDAGOGIAS DAS TRAVESTILIDADES

brasileiras acesso à cidadania e à democracia. Para chegar a esse patamar é necessário construir outras noções de cidadania, como processo constitutivo de uma nova cultura democrática na qual as/os novas/os sujeitas/os sociopolíticas/os que emergem possam redefinir, inclusive, quem e quais questões importam para a construção de projetos alternativos.

O fato de a consolidação dos direitos civis – presumida como decorrência da redemocratização da sociedade brasileira – não ter se estendido às travestis suscitou indagações e posicionamentos no grupo formado por elas, levando-o à organização política. Da mesma forma como outros movimentos sociais latino-americanos, essas travestis buscaram redefinir "o próprio sentido de noções convencionais de cidadania, representação política e participação e, em consequência, da própria democracia".[24]

A partir desse posicionamento insurgente, que compreende a realidade opressora como condição a ser transformada, e de uma articulação coletiva, que condensou radicalmente ação e reflexão transformadora, nasceu no Brasil o Movimento de Travestis e Mulheres Transexuais. Em 15 de maio de 1992, Jovanna Cardoso, Elza Lobão, Josy Silva, Beatriz Senegal, Monique du Bavieur e Claudia Pierre France – seis travestis negras do Nordeste do país – fundaram a Associação de Travestis e Liberados (Astral)[25] no Rio de Janeiro. Esse foi o início de uma práxis político-pedagógica em que a construção de uma nova realidade social para as travestis e transexuais passou a ser vista como horizonte de luta.

---

24 Sonia E. Alvarez, Evelina Dagnino e Arturo Escobar. *Op. cit.*, p. 16.

25 Nas entrevistas realizadas, Jovanna Cardoso costuma explicar que o termo "liberados" se referia às pessoas que se "montavam" apenas para a prostituição. No momento de fundação da Astral houve a decisão de não deixar esse grupo sub-representado.

"UNID@S CONSTRUINDO UMA NOVA REALIDADE SOCIAL"

Conscientização e coletividade: construindo um projeto político

A criação da Astral marca o campo em que a política é exercida e que uma cidadania crítico-reflexiva é afirmada, com o aparecimento de novas sujeitas sociopolíticas para a construção democrática no Brasil. Os autorreconhecimentos que culminam na formação da Astral fazem parte de um período histórico em que novas identidades foram forjadas e politizadas nos movimentos sociais brasileiros.

Esse momento da construção de um projeto político é categorizado por Thiago Coacci como a "primeira onda"[26] do Movimento de Travestis e Mulheres Transexuais no Brasil. Uma vez que a conscientização, como condição para a cidadania crítico-reflexiva, é resultado da práxis, nesse primeiro momento houve o reconhecimento de que a mobilização desse grupo oprimido perpassou pela revisão de seus interesses. A agência diz respeito ao processo de conscientização das cidadãs e dos cidadãos e das resistências articuladas por elas/es como meio pelo qual se torna possível interferir nas condições em que vivem.

Lembro que a busca por libertação ou emancipação, nos termos aqui apresentados, está relacionada ao processo permanente de autorreconhecimento crítico. Desse modo, o emprego de conceitos como *libertação*, *emancipação*, *criticidade* e *conscientização* propõe a continuidade de uma tradição da pedagogia crítica que acredita na

---

26 A sistematização da trajetória de movimentos em ondas, como é o caso do feminismo, costuma dividir opiniões. Algumas críticas pós-estruturalistas tendem a questionar esse tipo de opção analítica. De todo modo, entendo que, neste livro, a sistematização pode facilitar a investigação sobre a história do Movimento de Travestis e Mulheres Transexuais. Sobre essa categorização, *ver* Thiago Coacci, *op.cit.*, 2018.

PEDAGOGIAS DAS TRAVESTILIDADES

práxis exercida por aquelas/es profundamente comprometidas/os com a transformação de realidades desumanizadoras.

Após a criação da Astral, outro momento de revisão e deliberação dos interesses coletivos das travestis organizadas no espaço público foi o I Encontro Estadual de Travestis e Liberados do Rio de Janeiro, realizado em agosto de 1993. A notícia de um evento articulado por um movimento social organizado de travestis sinalizou, para todo o Brasil, que um novo projeto político, apresentado por um novo cidadão coletivo, emergia. Esse é o motivo que leva diferentes pesquisadoras/es a apontarem o "início" do Movimento de Travestis e Mulheres Transexuais no Brasil a partir da criação dessa associação. Afinal, a Astral desempenhou um papel primordial para a "constituição de outras organizações e na disputa por direitos para a população travesti".[27]

O I Encontro contou com representantes do Paraná, de São Paulo, de Minas Gerais e do Espírito Santo. Diante da adesão e do reconhecimento de que era preciso ampliar espaços como aquele, para acessar e articular travestis de todo o Brasil a fim de garantir deliberações e participação social em nível nacional, foi deliberado que o I Encontro Estadual de Travestis e Liberados do Rio de Janeiro seria considerado o I Encontro Nacional de Travestis e Liberados.

Outro fruto importante dessa organização diz respeito à formação de "teias",[28] que constituem os "emaranhados"[29] do Movimento.

---

27 Thiago Coacci. *op. cit.*, p. 133.

28 Por coincidência, teias nos remetem às aranhas e "Operação Tarântula" foi o nome escolhido para a ação policial realizada em 1987, no Centro de São Paulo, visando "combater" [*sic*] a proliferação do vírus HIV. Sobre a operação, *ver* Céu Cavalcanti, Roberta Barbosa e Pedro Paulo Bicalho, "Os tentáculos da tarântula: adjeção e necropolítica em operações policiais a travestir no Brasil pós-democratização", 2018.

29 Gilson Goulart Corrijo et al. *Op. cit.*

"UNID@S CONSTRUINDO UMA NOVA REALIDADE SOCIAL"

Muito comumente, a literatura sobre movimentos sociais mobiliza a concepção de "redes", já aqui nos interessa pensar o Movimento de Travestis e Mulheres Transexuais no Brasil a partir desses dois outros conceitos. Aprecio muito a definição apresentada por Sonia Alvarez, Evelina Dagnino e Arturo Escobar:

> O termo "teias de movimento social" [...] transmite o aspecto intrincado e precário dos múltiplos laços e imbricações estabelecidos entre organizações dos movimentos, participantes individuais e outros atores da sociedade civil e o Estado. A metáfora da "teia" também nos permite imaginar mais vividamente os entrelaçamentos em múltiplas camadas dos atores dos movimentos [...].[30]

A práxis político-pedagógica realizada, que reverberou em políticas públicas e discursos coletivos, exige compreensões analíticas que possam apreender essas intervenções – que foram diversas, difusas e englobaram não só quem participou efetivamente, mas também aquelas/es que apenas interagiram com o Movimento.

As teias do Movimento de Travestis e Mulheres Transexuais no Brasil se constituíram nacionalmente a partir da revisão e da deliberação dos interesses coletivos das travestis organizadas através de um espaço público. A experiência do i Encontro impulsionou outras travestis a também se organizarem em movimentos ou ONGs em seu respectivo estado. Algumas organizações decorrentes foram: o Grupo Esperança, em Curitiba, 1994; a Associação das Travestis de Salvador (ATRAS), 1995; o grupo Filadélfia, em Santos,

---

30 Sonia E. Alvarez, Evelina Dagnino e Arturo Escobar. *Op. cit.*, p. 37.

PEDAGOGIAS DAS TRAVESTILIDADES

1995; o grupo Igualdade, Porto Alegre, 1999; e a Associação das Travestis na Luta pela Cidadania (Unidas), Aracaju, 1999.[31]

Dentre as históricas atrizes que construíram os Encontros e o próprio Movimento na primeira onda, destaco Keila Simpson (BA), Janaína Dutra (CE), Indianarae Siqueira (SP), Marcelly Malta (RS), entre outras, incluindo a primeira travesti eleita no Brasil, Kátia Tapety, para o cargo de vereadora no município de Colônia (PI). É importante ressaltar que muitas delas exerciam trabalho sexual e estavam atentas ao crescimento exponencial de travestis que contraíam o vírus HIV, o que desencadeou na inserção delas em ações formativas de prevenção em seus respectivos estados.[32] Sedimentou-se assim a construção de um projeto político nacional através de teias que se multiplicam a cada ano.

O I Encontro Nacional de Travestis e Liberados anunciou o que hoje podemos compreender como o início da redefinição, ou refundação, da concepção de cidadania no contexto brasileiro, a partir de uma perspectiva construída pela práxis político-pedagógica das travestis organizadas. O encontro fundou um lugar deliberativo, de participação em âmbito nacional, realizado anualmente e que serviu como um espaço público no qual "políticas culturais são postas em prática e [em que] se modelam as identidades, demandas e necessidades subalternas".[33] A Astral mobilizou dimensões importantes para a trajetória das travestis organizadas pelo acesso digno à cidadania.

---

31 Mario Carvalho e Sérgio Carrara. "Em direção a um futuro trans? Contribuição para a história do Movimento de Travestis e Transexuais no Brasil", 2013, p. 328.

32 Embora não esteja necessariamente ligada à história do Movimento organizado, registro a iniciativa pioneira de Brenda Lee, travesti pernambucana que acolheu diversas pessoas vivendo com HIV/aids durante a década de 1980 em São Paulo capital.

33 Sonia E. Alvarez, Evelina Dagnino e Arturo Escobar. *Op. cit.*, p. 42.

"UNID@S CONSTRUINDO UMA NOVA REALIDADE SOCIAL"

Os Entlaids representaram para as travestis a possibilidade de vocalizar, de forma pública, suas reivindicações e de identificar os impedimentos dessa comunidade ao acesso à cidadania, como o direito ao nome social.[34] Importante lembrar que a legitimação do nome escolhido por travestis e transexuais em detrimento ao nome dado no nascimento se deu em decisão do Supremo Tribunal Federal apenas em 2018.[35] A garantia da retificação do prenome e do sexo nos registros civis de travestis e transexuais é tributária aos interesses coletivos discutidos e deliberados no espaço público do Movimento.

Voltando a nossa linha do tempo, foi a partir de 1994 que o Encontro Nacional de Travestis e Liberados se consolida como um espaço de construção democrática. Através dele as travestis coletivamente discutiram as questões teórico-práticas que fundamentavam suas incidências político-institucionais. O "binômio violência policial/aids" foi o tópico mais discutido durante toda a década de 1990, período em que a epidemia de HIV/aids marcava de forma contundente a população.

Em decorrência dessa crise de saúde, as travestis atuaram expressivamente em ONGS e em parcerias com o Ministério da

---

34 A política de nome social, ainda que paliativa, foi reconhecida por alguns municípios e estados antes da decisão do Supremo Tribunal Federal. No estado de São Paulo, destacam-se o Decreto Estadual nº 55.588, de 17 de março de 2010, e o Decreto nº 57.559, de 22 de dezembro de 2016, do município de São Paulo.
35 Em 1º de março de 2018, o Supremo Tribunal Federal reconheceu às/aos transgêneros (travestis e transexuais) a possibilidade de alteração de registro civil sem a necessidade de cirurgias. Essa decisão, que é posterior ao reconhecimento da união de casais homossexuais (2011), e que precede a criminalização da LGBTQIA+fobia como crime de racismo (2019), nos informa que o Judiciário tem sido o poder mais atento às reivindicações do Movimento LGBTQIA+ no Brasil. Sobre o Judiciário e os direitos LGBTQIA+, *ver* Daniel C. Cardinali. *A judicialização dos direitos LGBT no STF*, 2018.

Saúde, especialmente por meio do Programa Nacional de DST e Aids. Dessa forma, contribuíram para a construção de políticas públicas em prol da prevenção e do tratamento de pessoas que vivem com HIV/aids, além de promover o alcance do programa aos chamados "grupos de risco". Por isso, Mario Carvalho e Sérgio Carrara afirmam que a epidemia de HIV/aids foi "catalisadora da organização política" da população de travestis.[36]

Considerando esse contexto, em 1995, o Encontro Nacional de Travestis e Liberados passou a se chamar Encontro Nacional de Travestis e Liberados que Atuam na Prevenção da Aids, o Entlaids. Os eventos se tornaram então financiados pelo Programa Nacional de DST e Aids e passaram a ser realizados em espaços físicos adequados – como o caso do III Entlaids, que ocorreu no Hotel Guanabara Palace no Rio de Janeiro. Do mesmo modo, o apoio institucional favoreceu parcerias com companhias áreas, possibilitando que travestis de todas as regiões se deslocassem até a cidade do encontro. Foi por meio do financiamento público que a nacionalização, de fato, do Encontro ocorreu. Isso permitiu que as teias que constituíam o Movimento de Travestis e Mulheres Transexuais no Brasil se multiplicassem.

Outro avanço importante para as travestis era disputar os espaços públicos construídos pelo que era conhecido como Movimento Homossexual Brasileiro (MHB), uma das principais e mais crescentes organizações da década de 1990.[37] Nessa época, o MHB era responsável por organizar o Encontro Brasileiro de Gays e Lésbicas. Pesquisadores como Mario Carvalho, Sérgio Carrara

---

36 Mario Carvalho e Sérgio Carrara. *Op. cit.*, 2013, p. 328.
37 Sobre o período de reflorescimento do Movimento Homossexual Brasileiro, *ver* Regina Facchini, "Movimento homossexual no Brasil: recompondo um histórico", 2003.

"UNID@S CONSTRUINDO UMA NOVA REALIDADE SOCIAL"

e Regina Facchini apontam que apenas em 1997 o evento passou a ser chamado de Encontro Brasileiro de Gays, Lésbicas e Travestis. A inclusão das travestis no nome significou que as reivindicações delas também eram do interesse da organização – ainda que essa tenha sido uma medida apenas formal. Em diversas entrevistas, Jovanna Cardoso chama atenção para o fato de que esse reconhecimento foi arduamente conquistado frente a muita resistência de integrantes homossexuais, em sua grande maioria brancos e sulistas. Segundo Jovanna, as delegações do Nordeste foram decisivas para o reconhecimento das travestis como sujeitas que deveriam construir essa coletividade.

Os Encontros Brasileiros de Gays e Lésbicas ganharam adesão e é nesse momento que as travestis surgem trazendo suas indagações e afirmações. Reflito como essa nova presença confrontava a narrativa assumida por parte do MHB, que de certa forma culpabilizava as travestis pela estigmatização que os homens cisgêneros homossexuais sofriam. Mario Carvalho e Sérgio Carrara consideram que esse processo de diferenciação, responsável pela atribuição de significados pejorativos às travestis, está relacionado com o "projeto de conquista de respeitabilidade social pela reconfiguração da imagem social dos homens homossexuais."[38] É pertinente, portanto, registrar o posicionamento de João Antônio de Souza Mascarenhas, na época presidente do Grupo Triângulo Rosa, do Rio de Janeiro, na Assembleia Nacional Constituinte:

> [João Antônio de Souza Mascarenhas] afirmou que haveria na sociedade uma confusão entre o homossexual e o travesti, o que para o movimento gay seria um grande erro. Há, segun-

---

38 Mario Carvalho e Sérgio Carrara. *Op. cit.*, 2013, p. 323.

PEDAGOGIAS DAS TRAVESTILIDADES

do ele, o homossexual comum e *há o travesti, que em muitos casos são prostitutos e acabam se envolvendo com pequenos furtos ou drogas*. A imagem predominantemente atribuída ao homossexual na verdade corresponderia ao travesti e esta aproximação atrapalharia o movimento organizado.[39]

Os discursos que posicionam historicamente as travestis em um lugar de sub-humanidade são tão complexos e profusos que precisam ser objeto de outra pesquisa. Contudo, o posicionamento do presidente do Grupo Triângulo Rosa é importante para que possamos identificar como, durante o processo de reconstrução democrática, o banimento das travestis para um lugar de não cidadãs chegou a ser afirmado até mesmo pelo próprio Movimento Homossexual Brasileiro. Em um momento importante de (re)construção dos princípios constitucionais que sustentam os alicerces democráticos, as travestis foram posicionadas fora das linhas que delimitam as/os sujeitas/os inteligíveis ao lugar de cidadãs e cidadãos.

Ainda no tema da cidadania, e pensando no interior do Movimento de Travestis, cabe salientar também o papel das construções simbólicas higienistas presentes nos projetos de conquista de respeitabilidade social. Isso se mostrou especialmente à medida que mulheres trans (transgêneras ou transexuais) surgiram nos Entlaids.

---

39 João Antônio de Souza Mascarenhas, representante do Grupo Triângulo Rosa e do movimento gay, proferiu palestras nas plenárias das Subcomissões dos Direitos e Garantias Individuais, e na dos Negros, Populações Indígenas, Pessoas Deficientes e Minorias em maio e junho de 1987. Sobre o acontecido, *ver* Cristina Câmara, 2002, p. 57 *apud* Mario Carvalho e Sérgio Carrara, *op. cit.*, 2013, p. 323, grifo meu.

"UNID@S CONSTRUINDO UMA NOVA REALIDADE SOCIAL"

Ainda na década de 1990, o Movimento de Travestis teve seu primeiro encontro com mulheres trans oriundas de outros contextos geopolíticos. Segundo Mario Carvalho e Sérgio Carrara, no v Entlaids, realizado em São Paulo, ativistas internacionais com reconhecimento construído em países do Norte afirmaram que outras identidades deveriam ser adotadas em detrimento da identidade "travesti", afirmada até aquele momento no Brasil.[40] Houve pressão para que categorias identitárias gestadas em outros contextos fossem utilizadas – pressão essa feita em um tom que remete à tentativa, já conhecida, de apoucar as ricas construções, contribuições e intervenções realizadas por latino-americanas/os. Keila Simpson é quem nos lembra da situação:

> Aí, o que aconteceu foi que Camille Cabral chega com toda a sua bagagem internacional, tendo um grupo muito organizado na França e ela vem para uma mesa fazer esse debate [...] com [o] argumento de que transgênero é um termo mais higienizado... *Ela não falou higienizado, mas que é um termo que é muito menos pejorativo que travesti. Que travesti carrega um... Coisas negativas.*[41]

A visível pretensão política de universalizar/homogeneizar as experiências em torno da identidade "trans", como se coubesse ao Brasil se adequar ao que os movimentos do Norte deliberam, nos mostra como a narrativa da globalização pode ser instrumentalizada com vistas a apagar a heterogeneidade que os projetos políticos latino-americanos apresentam. Marcelly Malta também lembra do episódio:

---

40 Mario Carvalho e Sérgio Carrara. *Op. cit.*, 2013.
41 Thiago Coacci. *Op. cit.*, 2018, p. 153, grifo meu.

PEDAGOGIAS DAS TRAVESTILIDADES

> Acho que foi a Camille Cabral que veio de Paris, que é uma militante que é presidente da Prévention Action Santé Travail pour Les Transgenres de Paris/FRA, ela disse: *"todas as travestis têm que se englobar [...] serem chamadas por trans".*[42]

As experiências identitárias das travestis no Brasil apontam a existência de traços constitutivos singulares produzidos na realidade vivida por elas. Ainda que certos interesses coletivos ultrapassem as fronteiras geopolíticas, há os modos específicos como as/os sujeitas/os estão ordenadas/os socialmente em cada país e a trajetória percorrida pelas brasileiras reivindica um lugar de enunciação próprio.[43] A voz da travesti brasileira é fortemente marcada não só pela localização em que está inserida, como também pelas colonialidades que incidem sobre o corpo latino-americano que vocaliza. Indianarae Siqueira reflete sobre a questão na seguinte fala:

> Internacionalmente a palavra usada é "transexuais". Travesti não é uma palavra muito usada. Então a gente quis colocar nessa época, *mas por uma questão de cultura... foi muito discutido que não... que não se identificavam com a palavra.*[44]

A imposição de uma universalidade ocidentalizada em nada acrescenta aos projetos alternativos de democracia gestados em nosso Sul. À luz da teoria decolonial, afirmo que a cidadania crí-

---

42 Mario Carvalho e Sérgio Carrara. *Op. cit.*, 2013, p. 333, grifo meu.
43 Joaze Bernardino-Costa e Ramón Grosfoguel. "Decolonialidade e perspectiva negra", 2016.
44 Mario Carvalho e Sérgio Carrara. *Op. cit.*, 2013, p. 332, grifo meu.

"UNID@S CONSTRUINDO UMA NOVA REALIDADE SOCIAL"

tico-reflexiva dos movimentos sociais latino-americanos conduz, de forma singular, a compartilhar com o mundo uma "produção teórica e política de sujeitos que até então foram vistos como destituídos da condição de fala e da habilidade de produção de teorias e projetos políticos".[45] Quando Indianarae diz que as travestis "não se identificavam com a palavra" transexual, evidenciamos a singularidade das existências.

Nesse sentido, a construção de um projeto político foi essencial para fazer frente às constantes tentativas de desumanização a que as travestis são submetidas – uma questão essencial desde, pelo menos, a ditadura-civil militar e que se estende até a contemporaneidade. A oposição que as travestis fazem à forma como vêm sendo descritas e categorizadas no Brasil tem se mostrado cada vez mais fundamental. Por isso, uma das lutas mais importantes para o Movimento de Travestis e Mulheres Transexuais é redefinir ou refundar a maneira como são representadas e compreendidas socialmente. É preciso "re-significar e transformar as concepções culturais dominantes dos direitos e do corpo".[46]

Pode-se afirmar hoje que o "direito a ter direitos" é uma herança deixada pelos primeiros movimentos sociais progressistas. Esse princípio apresenta uma perspectiva que extrapola a dimensão da institucionalidade política, basta que seja observado o lugar que essas organizações sociais ocupam na hierarquia social. Esses coletivos desejam intervir, também, em termos culturais, uma vez que as lutas são impulsionadas pelo reconhecimento de que é preciso afirmar a própria humanidade – a "vocação ontológica" da práxis transformadora para as/os sujeitas/os, nos termos de Paulo Freire.

---

45 Joaze Bernardino-Costa e Ramón Grosfoguel. *Op. cit.*, pp. 20-21.
46 Sonia Alvarez, Evelina Dagnino e Arturo Escolar. *Op. cit.*, p. 33.

PEDAGOGIAS DAS TRAVESTILIDADES

Mesmo diante de tantos exemplos de autoritarismo social, processo no qual os projetos alternativos de democracia se contrapõem, as dimensões ético-cultural e estrutural-institucional[47] também têm sido fundantes para as mobilizações insurgentes do Movimento de Travestis e Mulheres Transexuais no Brasil.

Ao incidir em ambas as esferas, compartilhando seus autorreconhecimentos e refundando perspectivas, o Movimento marca a cultura política brasileira com a emergência de novas sujeitas sociopolíticas. A primeira onda foi responsável por iniciar um processo construído a partir da práxis político-pedagógica das travestis e transexuais organizadas de Roraima ao Rio Grande do Sul, que foi capaz de enfrentar o autoritarismo social.

As velhas noções foram sucedidas – ao menos no interior do Movimento – por outras possibilidades teórico-práticas. Vocabulários foram ampliados, aprendizagens passaram a ser construídas e a afirmação de uma outra cidadania se espalhou como teias: ainda invisíveis para muitos, mas essenciais para a sobrevivência daquelas que as teceram.

Diálogos com o Estado

A década de 2000, período em que marcou, segundo Thiago Coacci, a segunda onda do Movimento, trouxe o diálogo mais firme e direto com a institucionalidade política. As travestis e transexuais brasileiras estavam familiarizadas com o vocabulário das políticas públicas, e já tinham construído coletivamente aprendizagens sobre o Estado a partir das experiências com os

---

47 Sonia E. Alvarez. "A 'globalização' dos feminismos latino-americanos: tendências dos anos 90 e desafios para o novo milênio", 2000, p. 386.

"UNID@S CONSTRUINDO UMA NOVA REALIDADE SOCIAL"

Entlaids. A segunda onda buscou, então, afirmar a legitimidade de seus interesses coletivos junto ao Estado brasileiro. E, passado o momento em que muitas das reivindicações estavam circunscritas ao HIV/aids, outros interesses se fizeram presentes nas discussões e deliberações.[48] A ampliação de espaços participativos para os movimentos sociais do campo progressista foi fundamental para o Movimento de Travestis e Mulheres Transexuais também forjar diálogos mais consistentes em torno das políticas de seu interesse.

Esse investimento contrapôs a dinâmica interessada em ocultar a própria existência das travestis, e posteriormente das transexuais, enquanto sujeitas portadoras de um projeto político que anuncia emancipações. As possibilidades de incidência na máquina estatal se intensificam a partir da chegada do novo milênio, uma vez que o contexto macropolítico permitiu a continuidade da organização dos Entlaids e a participar de comissões e conferências nacionais ou no exterior.

A própria estrutura governamental nacional foi ocupada por integrantes do Movimento, concretizando a agência sociopolítica que vinha sendo construída: as travestis se firmaram como pessoas capazes e qualificadas para participar, interagir e articular a construção de políticas públicas.[49] Ao protagonizar esses processos, o Movimento partiu da premissa de que não seriam mais toleradas posturas salvacionistas ou que estrategicamente utilizassem as travestis como "moeda de troca" para os ganhos de grupos pouco comprometidos com seus interesses. É muito comum encontrar na literatura sobre o Movimento, e nas falas das atrizes que o

---

48 Thiago Coacci. *Op. cit.*, 2018.

49 Um exemplo de participação institucional foi a atuação de Janaína Dutra, então presidenta da Antra, em 2003, em uma comissão do governo federal, o Conselho Nacional de Combate à Discriminação (CNCD).

PEDAGOGIAS DAS TRAVESTILIDADES

construíram, relatos de "usos estratégicos" das travestis para que os financiamentos públicos se tornassem possíveis. Contudo, essa visibilidade na figura da travesti como integrante mais violentada da população LGBTQIA+ não se expressa quando é feito um diagnóstico das prioridades de pauta dessa mesma comunidade.[50]

Segundo Thiago Coacci, a consolidação de redes nacionais de organização não governamental, como é o caso da Rede Nacional de Travestis e Liberados (Rentral) – que posteriormente se tornou Articulação Nacional de Transgêneros (Antra) –,[51] se inscreve em meio a essas múltiplas interações. O nome do encontro nacional passou também por intensas mudanças, em decorrência de discussões internas sobre quais sujeitas deveriam protagonizá-lo. No XI Encontro Nacional de Travestis e Liberados que Trabalham com Aids, realizado em 2004, em Campo Grande (MS), houve a compreensão de que, em lugar das identidades "travestis" e "liberados", "transgênero" poderia facilitar os processos de financiamento internacional.[52] A dúvida quanto ao uso da palavra, no entanto, persistia, uma vez que ela não representava as especificidades vividas pelas travestis brasileiras, nem mesmo por aquelas que se afirmavam como transexuais. E mesmo que os congressos de 2004 e de 2005 tenham sido chamados de Encontro Nacional das/de

---

50 Sobre as disputas que permearam o processo de construção do que hoje concebemos como uma população LGBTQIA+, *ver* Silvia Aguião, *Fazer-se no "Estado"*, 2018.

51 A Associação Nacional de Travestis e Transexuais (Antra) ocupa um lugar central na atualidade para as articulações do Movimento de Travestis e Transexuais. Junto com o Instituto Brasileiro Trans de Educação (IBTE) desde 2017 é realizado um dossiê sobre os assassinatos contra travestis e transexuais no Brasil – o que tem permitido compartilhar no país números até então inéditos, uma vez que o Estado se abstém de levantar e fornecer esses dados.

52 Mario Carvalho e Sérgio Carrara. *Op. cit.*, 2013.

"UNID@S CONSTRUINDO UMA NOVA REALIDADE SOCIAL"

Transgêneros que Atuam na Prevenção à/da Aids, as discussões sobre a adoção do termo continuaram.

Curiosamente, nesse mesmo período, a identidade transexual emergiu não mais como uma imposição advinda de ativistas de outros países, mas sim como uma autodefinição. As transexuais passaram a transitar e a contribuir em diversas esferas das organizações que as travestis construíam. Com isso, as transexuais introduziram outras urgências para os encontros nacionais e também para as disputas por políticas públicas no interior dos movimentos sociais brasileiros.

Desde os mandatos do presidente Fernando Henrique Cardoso, FHC, (1995-2002), já havia sido iniciada uma aproximação mais consistente, por parte do governo federal, com as organizações LGBTQIA+. Na visão compartilhada pelo Movimento, o Estado deveria pautar suas ações em consonância com as deliberações realizadas nos espaços públicos em que os projetos políticos heterogêneos disputavam quais conjuntos de crenças, interesses, percepções de mundo e representações deveriam embasar políticas públicas voltadas para toda a população LGBTQIA+.[53]

A respeito da proximidade entre o Movimento e o governo FHC, Marcelo Daniliauskas explica que houve um fortalecimento da agenda de direitos. Algumas demandas LGBTQIA+ foram institucionalizadas nesse governo por meio do Programa Nacional de Direitos Humanos, das políticas do Programa Nacional de DST e Aids, pelo processo e acordos das conferências internacionais da década de 1990 e do início dos anos 2000 e, em certa medida, pela elaboração dos Parâmetros Curriculares Nacionais sobre

---

53 Evelina Dagnino, Alberto J. Olvera e Aldo Panfichi. "Para uma outra leitura da disputa pela construção democrática", 2006, p. 38.

Orientação Sexual. A maior conquista foi em relação à abordagem dessas questões, pois passaram da enfatização de vulnerabilidades e tabus para o início de um lento processo de reconhecimento dos integrantes da comunidade como sujeitos de direitos, como cidadãs/ãos.[54]

É válido atentar à dimensão da heterogeneidade no interior do Movimento, uma vez que não pretendo reverberar uma compreensão do senso comum de que há uniformidade entre a comunidade LGBTQIA+. A experiência dos anos 1990 já havia apontado, sobretudo, para as travestis que suas necessidades e construções enquanto sujeitas de direitos eram vivenciadas em meio a fortes conflitos com outros grupos – que anos mais tarde compartilhariam do acrônimo "LGBTQIA+". Desse modo, ainda que o período da gestão FHC tenha sido palco de certos avanços no reconhecimento dos interesses coletivos do que começara a se tornar uma população autorreconhecida como LGBTQIA+, pode-se dizer que assimetrias permearam todo o processo, de maneira que alguns interesses se sobrepuseram a outros e evidenciavam a "grande distância social que separa os diferentes atores políticos do Movimento."[55]

Com a chegada do Partido dos Trabalhadores (PT) à Presidência da República, em 2003, oportunidades políticas de atuação dos movimentos sociais do campo progressista foram ampliadas no âmbito estrutural-institucional. Os registros de conferências nacionais realizadas e os conselhos existentes nos informam de que

---

54 Marcelo Daniliauskas. *Relações de gênero, diversidade sexual e políticas públicas de educação: uma análise do Programa Brasil Sem Homofobia*, 2011, p. 72.
55 Mario Carvalho e Sérgio Carrara. *Op. cit.*, 2013, p. 335. As discussões sobre lugar de fala e interseccionalidade nos ajudam a compreender como nossas realidades são construídas mediante aos múltiplos marcadores sociais da diferença. *Ver* Djamila Riberio, *O que é lugar de fala?*, e Carla Akotirene, *O que é interseccionalidade?*, 2018.

"UNID@S CONSTRUINDO UMA NOVA REALIDADE SOCIAL"

modo os canais foram viabilizados entre os movimentos sociais e a gestão do PT.

É sabido que ativistas de diferentes campos de luta dos movimentos sociais progressistas compuseram a própria estrutura institucional durante os mandatos do presidente Luiz Inácio Lula da Silva (2003-2010) e também durante os anos em que a presidenta Dilma Rousseff esteve no cargo (2011-2016). Rebecca Abers, Lizandra Serafim e Luciana Tatagiba chamam atenção em seu estudo para como a ocupação dos cargos na burocracia pôde influenciar em possíveis negociações políticas. Essa e outras formas de interação político-institucional vivenciadas durante os governos do PT nos indicam a existência de um "repertório de interação entre Estado e sociedade civil".[56]

O Programa Brasil Sem Homofobia (BSH)[57] é fruto das conquistas do Movimento LGBTQIA+ em parceria com a administração Lula. As organizações ainda apresentavam um repertório político em construção, mas que possuía subsídios para concluir que as propostas da gestão FHC não traduziam à altura suas deliberações. Marcelo Daniliauskas é preciso quando registra que, para além de cartilhas que se propunham a ser informativas, o Movimento estava interessado em pautar uma "política transversal, intersetorial, que não fosse algo isolado de apenas um ministério, que pudesse ser uma resposta ampla do governo e que fosse uma política de caráter permanente".[58]

---

56 Rebecca Abers, Lizandra Serafim e Luciana Tatagiba. "Repertórios de interação Estado-sociedade em um Estado heterogêneo: a experiência na Era Lula", 2014, p. 331.

57 Sobre o Programa Brasil Sem Homofobia com o foco educacional, *ver* Marcelo Daniliauskas, *Relações de gênero, diversidade sexual e política pública de* educação, 2011.

58 Marcelo Daniliauskas. *Op. cit.*, p. 77.

PEDAGOGIAS DAS TRAVESTILIDADES

As demandas que foram se amalgamando, ao longo de décadas de atuação, fizeram com que o Movimento LGBTQIA+ – assim como outros do campo progressista – exigisse compromisso do governo Lula com aplicação de políticas públicas à altura das deliberações realizadas. É nesse contexto que, em 2004, a Portaria nº 2.227 cria o Comitê Técnico de Saúde da População de Gays, Lésbicas, Transgêneros e Bissexuais (CT-GLTB) do Ministério da Saúde, responsável por propor o que viria a se tornar o Processo Transexualizador[59] – a mais importante política pública de saúde integral direcionada à população de travestis e transexuais.[60]

Essa foi uma conquista das mulheres transexuais que ergueram sua voz, compartilharam suas elaborações e elegeram como princípio de interesse a efetivação de um acesso adequado à saúde coletiva. Isso se deu mesmo em um contexto de recuos e "golpes", como elas revelaram a Thiago Coacci em entrevistas. É importante mencionar também que discursos patologizantes impostos pela classe médica permearam tanto a construção do Processo Transexualizador quanto sua execução. O que justifica o processo ter se tornado objeto de elaboração crítico-teórica pelo que se afirmou como uma perspectiva transfeminista no Brasil.

O diálogo entre travestis e transexuais e o Estado foi decisivo para que ações voltadas à saúde dessa população passassem a ser realizadas. Um dos primeiros passos nesse sentido foi a campanha de 2004, "Travesti e Respeito: já está na hora de os dois serem vistos

---

59   O Processo Transexualizador foi regulamentado pela Portaria nº 457/2008 e redefinido e ampliado pela Portaria nº 2.803/2013.

60   Diante dos limites dessa pesquisa, não entrarei em detalhes sobre os desdobramentos que permeiam a turbulenta "disputa entre quais saberes seriam legítimos para dizer a verdade sobre a transexualidade e fundamentar uma política pública de saúde", nas palavras de Thiago Coacci. Ver Thiago Coacci, *op. cit.*, 2018.

"UNID@S CONSTRUINDO UMA NOVA REALIDADE SOCIAL"

juntos. Em casa. Na boate. Na escola. No trabalho. Na vida." Para Mario Carvalho, que realizou uma pesquisa minuciosa a respeito das campanhas desenvolvidas por essa parceria, "Travesti e Respeito" é "um momento muito importante no amadurecimento do movimento trans do Brasil".[61] A ativista Keila Simpson afirma que a campanha foi idealizada, proposta e construída pelo próprio Movimento. Em suas palavras:

> Quando a gente começa a trabalhar com a campanha, é a gente que propõe, é a gente que faz, é a gente que protagoniza tudo. [...] Na época fomos a Brasília, fizemos uma reunião de quatro dias, oficinas de fotografias, de maquiagem, de outras coisas e no final fizemos a campanha.[62]

Essa ação é um exemplo relevante de como o Movimento de Travestis e Mulheres Transexuais está comprometido com a redefinição, ou refundação, da forma como elas são representadas e compreendidas socialmente. Ao afirmarem, no título da campanha, que "casa", "boate", "escola", "trabalho" e "vida" são espaços nos quais sua humanidade deve ser reconhecida, as ativistas desmantelaram compreensões estigmatizantes difundidas pelo imaginário brasileiro a respeito delas mesmas. Da emblemática capa do jornal *O Estado de S. Paulo*, com o título "PERIGO! A invasão dos travestis" até a campanha "Travesti e Respeito" – que traduz a inserção das travestis no conceito de cidadania –, um longo caminho foi percorrido.

Outros diálogos foram realizados ao longo da década de 2000, embora as condições que propiciaram essas interações com o

---

61 Mario Carvalho. *"Muito prazer, eu existo!": visibilidade e reconhecimento no ativismo de pessoas trans no Brasil*, 2015, p. 42.
62 Thiago Coacci. *Op. cit.*, 2018, p. 154.

Ministério da Saúde desencadeiem contínuos debates. Um ponto nevrálgico é o enquadramento da população de travestis como "grupo de risco", algo comum nessas peças institucionais. Se, por um lado, esse parece ser um fator importante para a garantia de políticas públicas voltadas à comunidade, por outro, pode também ser compreendido como paternalismo, tutela ou controle.

Embora autores como Mario Carvalho afirmem que as campanhas favoreceram "um regime de visibilidade no qual a população trans é (re)conhecida como população *vulnerável/carente/vítima* que deve ter amparo de políticas sociais",[63] é inaceitável que a comunidade possa ainda ser compreendida dessa forma. Essas categorias, sobre as quais Paulo Freire, inclusive, teceu fortes críticas, destituem as/os sujeitas/os de sua capacidade crítico-reflexiva, ao mesmo tempo que as/os colocam em um lugar subalternizado, como se necessitam do ato benevolente e caridoso daquele que ocupa uma posição dominante.

Minha compreensão é a de que, conforme os movimentos brasileiros põem em ação uma práxis político-pedagógica, novos projetos de mundo e sociedade são apresentados. No interior desses programas reside uma transformação pragmática da cultura política, logo surge uma nova e singular percepção do que é determinado como político.

Resumir à condição de "carência" a práxis posta em ação pelo Movimento de Travestis e Mulheres Transexuais no Brasil não só reafirma o lugar paternalista a que as próprias componentes se opõem há décadas, como também deixa de captar o reconhecimento no qual as travestis sempre estiveram em busca: serem

---

63 Mario Carvalho. *Op. cit.*, 2015, p. 91, grifo meu.

"UNID@S CONSTRUINDO UMA NOVA REALIDADE SOCIAL"

vistas como possuidoras de "interesses válidos, valores pertinentes e demandas legítimas".[64]

O Brasil possui uma história marcada por relações de clientelismo durante as negociações de organizações populares com o Estado. Por isso, muitas críticas foram realizadas devido ao fato de o Movimento LGBTQIA+ construir uma atuação institucionalizada, ou seja, privilegiar a presença na máquina estatal. Porém, Cleyton Feitosa pontua que grande parte dessas avaliações apresentam uma argumentação limitada:

> Talvez essa relação próxima entre Estado e sociedade civil (não sem tensões, diga-se de passagem) motivou algumas leituras –, sobretudo aquelas mais influenciadas pela teoria *queer* – que apontam o Movimento LGBT brasileiro como sendo majoritariamente governista. Tal "acusação", sem uma análise mais cuidadosa do contexto histórico e dos fatores macropolíticos, acarreta em uma leitura restrita e em alguns casos até injusta.[65]

Acrescentando Euzeneia Carlos ao debate, enfatizo que as interações construídas pelas teias dos movimentos sociais são vitais para a compreensão da "permeabilidade do Estado aos atores societários e às suas demandas".[66] Ao mesmo tempo que existe a máxima da postura autônoma dos movimentos sociais progressistas, são feitas críticas ferrenhas à figura de um Estado pouco interessado

---

64 Vera da Silva Telles. *Op. cit.*, 2004, pp. 91-92.
65 Cleyton Feitosa. *Políticas públicas LGBT e a construção democrática no Brasil*, 2017, p. 66.
66 Euzeneia Carlos. "Movimentos sociais e permeabilidade estatal na construção de encaixes institucionais", 2017, p. 22.

PEDAGOGIAS DAS TRAVESTILIDADES

em construir políticas públicas para atender os interesses coletivos de forma consistente, e não paliativa ou benevolente.

No entanto, não desejo dar continuidade à compreensão do Estado como uma esfera maligna, e a sociedade civil, como a virtuosa. Essa dualidade não dá conta da complexidade que envolve o diálogo aqui analisado entre movimento social e Estado.[67] Do mesmo modo, entendo como incipiente pressupor que a presença, ou o diálogo, de sujeitas/os sociopolíticas/os em esferas estatais as destitui de agência ou capacidade crítico-reflexiva, colocando-as/os necessariamente em um lugar de manipulação ou subserviência. Essas relações são quase sempre conflituosas, mas são valiosas da perspectiva da construção e do amadurecimento de um repertório.

O feminismo latino-americano e suas teias passaram por situação similar e Sonia Alvarez chama a atenção para o modo como essas construções dualistas se deram. As experiências vividas por essas feministas entre as décadas de 1990 e 2000 também foram marcadas por processos de descentramento, nos quais as participantes dos movimentos passaram a compor ONGS e, ao mesmo tempo, fazer parte de entidades estatais. Diante de um histórico autônomo, de críticas à institucionalidade, além de ter em vista a omissão dos Estados latino-americanos às reivindicações das mulheres organizadas, essa presença nos quadros de governos se tornou uma questão fortemente discutida na construção de qual seria "identidade política feminista latino-americana" em formação.[68]

No caso do Movimento de Travestis e Mulheres Transexuais, embora algumas/alguns pesquisadoras/es considerem que houve

---

67 *Ver* Evelina Dagnino, Alberto J. Olvera e Aldo Panfichi, *A disputa pela construção democrática na América Latina*, 2006.

68 Sonia E. Alvarez. *Op. cit.* 2000, p. 385 e 391.

"UNID@S CONSTRUINDO UMA NOVA REALIDADE SOCIAL"

um "empoderamento tutelado",[69] marcado por um "fetiche de subsistência",[70] opto por reverberar a compreensão de que o Movimento desenvolveu um "ativismo emaranhado que, entre a ruptura e a captura, fez-se solidário, autônomo e sobrevivente".[71]

Apresentei, brevemente, algumas das ações em que travestis e transexuais estiveram à frente, os entraves e as forças da participação social exercida por essas atrizes nas "bordas da política"[72] – atos que carregam consigo tamanha densidade que não pretendo, de forma alguma, esgotar aqui sua discussão. Espero também que mais pesquisadoras/es despertem certa inquietude e desenvolvam estudos sobre as potencialidades e as ambivalências contidas nas interações realizadas pelo Movimento de Travestis e Mulheres Transexuais com o Estado.

E faço aqui um chamado, pois, ainda que a literatura sobre os movimentos sociais no Brasil tenha avançado significativamente, carecemos de estudos que reconstruam as fragilidades e as consistências que constituíram a participação social das travestis e transexuais nos desdobramentos estrutural-institucionais brasileiros nas últimas décadas.

Os transfeminismos entram em cena!

A década de 2000 nos mostra um amadurecimento do Movimento de Travestis e Mulheres Transexuais quanto aos seus repertórios de interação Estado-Sociedade. A participação nas Conferências Nacionais, a construção das campanhas com o Ministério da Saúde

---

69 Mario Carvalho e Sérgio Carrara. *Op. cit.*, 2013, p. 345.
70 Leila Dumaresq, "Transfeminismo: contradição na opressão", 2013, p.36.
71 Gilson Goulart Corrijo et al. *Op. cit.*, p. 10.
72 *Ibidem.*

e o início do Processo Transexualizador marcam a incidência político-institucional realizada pelas travestis e mulheres transexuais brasileiras. No entanto, os diálogos entre o Movimento e o Estado se tornam objeto de críticas por parte de novos discursos que entram em cena.

Mario Carvalho, Sérgio Carrara e Thiago Coacci registram como, desde a metade da década de 2000, as mulheres transexuais buscavam ampliar seus espaços de atuação. A realização do I Encontro Nacional de Transexuais e a criação do Coletivo Nacional de Transexuais (CNT) resultam do reconhecimento de que as mulheres trans (transexuais e transgêneras) têm urgências que vão além das deliberações dos Entlaids e dos espaços mistos construídos do Movimento LGBTQIA+.

Como exemplos, as interações articuladas por elas com a Secretaria de Política para Mulheres (SPM) e com o X Encontro Feminista Latino-Americano e do Caribe (EFLAC) apontam como as novas disputas estão, agora, localizadas no campo feminista, em torno dos sentidos e das demandas que circundam as mulheridades. A terceira onda do Movimento, iniciada em 2011, é caracterizada, então, pela crítica ou revisão dos repertórios de interação entre Estado e sociedade civil e pela emergência de uma nova prática feminista, que parte sobretudo das mulheres trans brasileiras.[73]

Em 2011, o veto da presidenta Dilma Rousseff que impediu a veiculação do material do projeto Escola Sem Homofobia – apelidado jocosamente de "Kit Gay" pelos neoconservadores – pode ser compreendido como o início de um retrocesso expressivo na

---

73 Seguindo a proposição de Coacci, na década de 2020 inicia-se um processo de transição para uma possível quarta onda. No terceiro capítulo, "Outras sujeitas, Outras Pedagogias", discutirei o tema mais a fundo. *Ver* Thiago Coacci. *Op. cit.,* 2018, p. 213-214.

"UNID@S CONSTRUINDO UMA NOVA REALIDADE SOCIAL"

luta por políticas públicas do Movimento LGBTQIA+ – que inclui as discussões sobre gênero e a sexualidade na educação.

Motivada pela pressão de setores religiosos – principalmente por parlamentares católicos e evangélicos que reafirmavam a narrativa do "ataque à família", presente no imaginário brasileiro desde a ditadura civil-militar –,[74] a interdição se tornou pauta de intensas discussões nos setores progressistas. O veto da presidenta prenunciou vários retrocessos nas políticas educacionais. Cláudia Vianna destaca, por exemplo, o fato de qualquer menção a questões de gênero ter sido suprimida do Plano Nacional de Educação durante sua tramitação, em 2014, no Congresso Nacional.[75] Defendo que essa ação foi o marco do início de um caminho tortuoso que o Brasil trilharia, daquele momento em diante, em relação às políticas públicas para a comunidade LGBTQIA+.

No entanto, esse episódio do veto somado à consolidação dos estudos *queer* contribuíram para a emergência de proposições que apontaram outros caminhos teóricos e práticos para a agência LGBTQIA+ no Brasil. Partindo do conceito de lugar de fala,[76] aplicado às travestis e mulheres trans, o transfeminismo surge revisando os processos institucionais até então vividos. A incidência político-institucional realizada pelo Movimento de Travestis e Mulheres Transexuais passa a ser questionada e seus possíveis limites são expostos, ao passo que outras propostas são sugeridas.

Diante de um aumento exponencial do uso das tecnologias, o transfeminismo não se desenvolveu nos mesmos espaços públicos que o Movimento de Travestis e Mulheres Transexuais.

---

74 Renan H. Quinalha. *Op. cit.*
75 Cláudia Vianna. *Políticas de educação, gênero e diversidade sexual: breve história de lutas, danos e resistências*, 2018.
76 *Ver* Djamila Ribeiro, *O que é lugar de fala?*, 2017.

PEDAGOGIAS DAS TRAVESTILIDADES

A internet serviu como o espaço de construção e difusão de saberes construídos por uma nova geração de travestis e mulheres trans brasileiras. As discussões online representaram um passo importante para a afirmação dessa população como produtoras de conhecimento. Além disso, o uso da internet e a produção de saberes na universidade se complementam, fazendo com que a difusão do transfeminismo como teoria e prática emerja tanto via online, através de sites como o transfeminismo.com, quanto em espaços acadêmicos reconhecidos, como o Seminário Internacional Desfazendo Gênero, em 2013.[77]

Portanto, durante as instabilidades no primeiro mandato da presidenta Dilma Rousseff (2011-2014), ao mesmo tempo que o Movimento de Travestis e Mulheres Transexuais e o Movimento LGBTQIA+ reviam suas interações e campos de atuação institucionais, a internet e a academia foram incubadoras de uma perspectiva transfeminista no Brasil.

Na década de 2010, o acesso à internet se expandiu no país e, com isso, novos canais de comunicação puderam surgir e se ampliar para além de espaços convocados pelo Estado. O saber se comunicar online passou a ser, então, a ferramenta fundamental para as articulações e ações políticas guiadas principalmente por jovens ativistas.[78] Jaqueline Gomes de Jesus e Hailey Alves[79] afirmam que grupos no Facebook, blogs e sites se tornaram espaços virtuais em que o transfeminismo se apresentou como um novo articulador das experiências e das formulações críticas de travestis e mulheres trans engajadas nas lutas em torno do feminismo. Es-

---

77 Jaqueline Gomes de Jesus (Org.). *Transfeminismo: teorias e práticas*, 2014a.
78 Maria da Glória Gohn. *Sociologia dos movimentos sociais*, 2014, p. 17.
79 Jaqueline Gomes de Jesus e Hailey Alves. "Feminismo transgênero e movimentos de mulheres transexuais", 2010.

"UNID@S CONSTRUINDO UMA NOVA REALIDADE SOCIAL"

pecialmente considerando a despatologização de identidades trans e a luta por uma visibilidade que as posicione como protagonistas de sua própria história.

Diante da brilhante produção acadêmica sobre o assunto, não entrarei no debate sobre os aportes que balizam o transfeminismo como uma perspectiva teórico-prática.[80] No entanto, é importante ressaltar que uma definição do transfeminismo apenas como "uma categoria do feminismo que surge como uma resposta à falha do feminismo de base biológica"[81] pode soar limitada. Isso é demonstrado pela complexificação do tema desenvolvida pelo número crescente de travestis e mulheres trans na academia brasileira e por outros atores que também pautam visibilidade política e teórica – como é o caso dos homens trans e transmasculinos.[82]

Mario Carvalho e Sérgio Carrara chamam a atenção para o forte conflito geracional entre as componentes do Movimento que o construíam exaustivamente ao longo das últimas décadas e as mais novas, que propuseram novos métodos para a práxis político-

---

80 *Ver*: Viviane Vergueiro, *Por inflexões decoloniais de corpos e identidades de gênero inconformes*, 2015; Jaqueline Gomes de Jesus, *Transfeminismo: teorias e práticas*, 2014a; Hailey Alves, "O que é e por que precisamos do transfeminismo", 2015; e Beatriz Pagliarini Bagagli, "A diferença trans no gênero para além da patologização", 2016.

81 Jaqueline Gomes de Jesus. *Op. cit.*, 2014a.

82 As discussões a respeito da agência de homens trans e transmasculinos no Brasil estão aumentando quantitativa e qualitativamente nos últimos anos. Trabalhos importantes como os de João W. Nery, *Viagem solitária: memórias de um transexual 30 anos depois*, 2012; e Guilherme Almeida, "'Homens trans': novos matizes na aquarela das masculinidades?", 2012, iniciam brilhantemente o debate. Já Alexandre Peixe, que construiu o movimento social com as mulheres transexuais no período entre a década de 2000 e 2010, tem sido referenciado como fundador do Movimento Nacional de Homens Trans e Transmasculinidades. Leonardo Peçanha, homem trans negro e mestre em Ciência da Atividade Física, também tem contribuído para a reconstrução dessa memória.

PEDAGOGIAS DAS TRAVESTILIDADES

-pedagógica coletiva. Acredito que essas tensões aconteçam porque os movimentos sociais brasileiros possuem ritos já estabelecidos – como deliberar nomenclaturas e políticas públicas por meio de encontros nacionais –, os quais podem soar engessados e pouco maleáveis para jovens atrizes que buscam se inserir no Movimento.

É também comum encontrar em trabalhos sobre a terceira onda do Movimento relatos de desconfiança sendo trocados por ambas as gerações. Como a construção da organização foi fortemente marcada pelo trabalho de base, parece haver alguma diferença entre as primeiras ativistas e as transfeministas. As últimas por vezes são compreendidas como travestis e mulheres trans que não conheceram a concretude das experiências da rua, da prática de prevenção contra o HIV/aids e da primeira conscientização de uma camada expressiva da comunidade – que foi completamente privada de seus direitos básicos, como à educação, à família e ao trabalho formal.

Esse posicionamento parte da compreensão de que algumas críticas transfeministas foram realizadas no meio acadêmico, em artigos científicos ou em sites e blogs – lugares considerados elitizados. No entanto, cabe ponderar que muitas transfeministas estão organizadas em outros espaços, como partidos e movimentos independentes, e também protagonizam importantes lutas no interior das universidades – contra transfobias institucionais[83] e pela implementação de políticas afirmativas que possibilite a entrada e a permanência de travestis e transexuais.

Baseadas em uma práxis não tão aberta às ambivalências presentes nas interações com o Estado, parte das transfeministas teceram

---

83 Recomendo *ver* Viviane Vergueiro, 2015, para compreender as transfobias institucionais que permeiam a entrada e permanência de pessoas trans no ensino superior.

"UNID@S CONSTRUINDO UMA NOVA REALIDADE SOCIAL"

críticas a algumas concessões feitas pelo Movimento durante negociações institucionais – situações pontualmente citadas no capítulo
anterior. No entanto, considero que cabe ao transfeminismo revisar,
com responsabilidade, não só os recuos vividos pelo Movimento,
mas também a autonomia, a solidariedade e as estratégias educativas,[84] já postas – visto que esses valores inspiram objetivamente as
lutas construídas no presente.

As redes de solidariedade transfeministas – como cursinhos
pré-vestibulares para pessoas trans –,[85] a autonomia perante os discursos médico-patologizantes e as disputas no interior da academia
não só estão conectadas como efetivamente dão continuidade às
lutas iniciadas em Vitória (1979) e no Rio de Janeiro (1992). A reconstrução de nossa trajetória coletiva como exercício de consciência
histórica deve ser encarada pelo transfeminismo como uma questão
de extrema relevância, sem a qual ele corre o risco de ser injusto ou,
até mesmo, anacrônico em suas análises.

Não acredito ser oportuno perpetuar uma cisão entre as gerações. Outra ótica possível, e mais potente para construir alianças
– inclusive geracionais –, é pensar como transfeministas brasileiras se baseiam em elementos da práxis político-pedagógica do
Movimento de Travestis e Mulheres Transexuais para elaborar
suas proprias proposições teórico-práticas. E, da mesma forma, o
Movimento também avança a partir da elaboração de transfeministas que adentram a academia e enriquecem a discussão acerca
de importantes questões como educação, (des)patologização,
identidade de gênero, transfobia e raça. Assim, essa complemen-

---

84 Gilson Goulart Corrijo et al. *Op. cit.*, p. 10.
85 Cursos pré-vestibulares para pessoas trans estão se difundindo em todo o
Brasil. Alguns exemplos são o Prepara Trans (GO), Transvest (MG), Cursinho
Popular Transformação (SP), PreparaNem (RJ) e Trans ENEM Poa (RS).

PEDAGOGIAS DAS TRAVESTILIDADES

taridade, conforme delineada aqui, refere-se ao modo como o transfeminismo bebe das fontes do Movimento, ao passo que avança em determinados pontos trabalhados outrora pelas primeiras ativistas.

Passo agora para a discussão sobre despatologização – um dos exemplos dessa relação. Em diálogo com autoras/es, atrizes e atores de outros países, o esforço teórico-prático em torno do assunto se tornou, e segue sendo, objeto de pesquisa e de vasta produção transfeminista. Artigos como "Pela descolonização das identidades trans", de Viviane Vergueiro,[86] e "A diferença trans no gênero para além da patologização", de Beatriz Paglirini Bagagli,[87] são duas dentre muitas produções que problematizam os discursos patologizantes.

Inicialmente, como salientou Thiago Coacci,[88] o Movimento foi de alguma forma refratário ao discurso transfeminista da despatologização, uma vez que poderia resultar no fim do Processo Transexualizador – árdua conquista das mais velhas. Mas o que vemos hoje – principalmente após a decisão da Organização Mundial de Saúde (oms) de não considerar mais a transexualidade transtorno mental – é um diálogo entre o Movimento e o transfeminismo em torno dos avanços que ainda são possíveis para a garantia de uma saúde integral a toda a população de travestis e transexuais no Brasil.

Outro importante legado é o uso do conceito de "transfobia", utilizado desde a segunda onda, para se referir às violências di-

---

86 Viviane Vergueiro. "Pela descolonização das identidades trans", 2012.
87 Beatriz Pagliarini Bagagli. "A diferença trans no gênero para além da patologização", 2016.
88 Thiago Coacci. "Encontrando o transfeminismo brasileiro: um mapeamento preliminar de uma corrente em ascensão", 2014.

"UNID@S CONSTRUINDO UMA NOVA REALIDADE SOCIAL"

recionadas ao corpo de travestis e transexuais – àquela altura o reconhecimento de que identidade de gênero e orientação sexual possuíam implicações distintas já estava consolidado no meio LGBTQIA+.[89] No XIII Encontro Nacional das Travestis e Transexuais que Atuam na Prevenção à Aids, realizado em 2006, na cidade de Goiânia (GO), o mote escolhido foi "Um Brasil de Todos é um Brasil Sem Transfobia".

Quando nos anos 2000 a interação com o Estado se intensificou, o Movimento compreendeu a importância de afirmar as especificidades das travestis e mulheres transexuais. Por essa razão, as construções em torno da noção de transfobia foram valiosas e devem ser objeto de pesquisadoras/es interessadas/os. Atualmente, o transfeminismo, caminhando na mesma direção, também agrega elementos significativos para a compreensão da transfobia e das identidades de gênero, com ênfase na difusão da categoria analítica de "cisgeneridade".[90]

A afirmação transfeminista em torno da categoria de cisgeneridade é crucial para a capilaridade da compreensão de que não somente travestis e transexuais possuem identidade de gênero. A adesão do Movimento ao uso dos termos transfeministas "cis" e "cisgênero" – em contraposição às expressões "mulher biológica" e "homem biológico", comumente usados no Brasil – representa um salto qualitativo em seu discurso.

Já a questão racial se difundiu com maior intensidade em 2014 a partir da criação do Fórum Nacional de Travestis e Transexuais Negras e Negros (Fonatrans) com o intuito de fortalecer a luta interconectada contra a transfobia e o racismo. Embora o

---

89 Mario Carvalho e Sérgio Carrara. *Op. cit.*, 2013.
90 Viviane Vergueiro. *Op. cit.*, 2015.

PEDAGOGIAS DAS TRAVESTILIDADES

pioneirismo de travestis negras seja evidente desde a criação da Astral em 1992, a criação do Fonatrans foi uma resposta à ausência de discussões que posicionassem a raça como tema central no interior do Movimento de Travestis e Mulheres Transexuais. Ao analisar os dados de assassinatos contra as travestis e mulheres transexuais brasileiras em 2019, por exemplo, 82% dos casos de transfeminicídio envolviam vítimas pretas ou pardas.

A crítica voltada à raça também é realizada pelo transfeminismo. Desde 2014 apresento à acadêmica e ao público textos que abordam o tema da racialidade como: "Mulher trans negra e feminismo";[91] "A solidão da mulher trans negra";[92] "A transfobia é um vício branco";[93] "Afrotransfeminismo: travestilizando o Movimento Negro e racializando o transfeminismo";[94] e "Afrotransfeminismo, autorrecuperação e quilombos de afetos".[95] Essas são algumas das contribuições que buscam posicionar a centralidade da raça e do racismo na compreensão da vida de travestis e transexuais no Brasil.

A questão educacional, que será abordada no próximo capítulo, é também elencada como um ponto central para a práxis do transfeminismo – o que dá continuidade às construções do Movimento sobre travestis e transexuais nas escolas. Ações de incentivo para que mais travestis, mulheres e homens transexuais e outras/os/es dissidentes de gênero entrem nas universidades, assim como discussões sobre políticas afirmativas nas universidades para

---

91 Maria Clara Araújo dos Passos. "Mulher trans e o feminismo", Blogueiras Negras, 22 mai. 2015.

92 *Idem.* "A solidão da mulher trans negra", 2016.

93 *Idem.* "A transfobia é um vício branco", 31 jan. 2018.

94 *Idem.* "Afrotransfeminismo: travestilizando o movimento negro e racializando o transfeminismo", Usina de Valores, 25 jun. 2018.

95 *Idem.* "Afrotransfeminismo, autorrecuperação e quilombos de afetos", 2021.

"UNID@S CONSTRUINDO UMA NOVA REALIDADE SOCIAL"

a população T, são demandas coletivas que vêm ganhando cada vez mais importância no debate público. A minha aprovação assim como a de Ana Flor Fernandes Rodrigues e Amanda Palha[96] na UFPE se inscrevem no segundo mandato do governo Dilma, período em que os movimentos sociais progressistas, a universidade e a mídia hegemônica estavam interessados em discutir questões educacionais, como uso do nome social no Exame Nacional do Ensino Médio (Enem), políticas para pessoas trans em universidades e transfobias institucionais nesse meio.

Por essas razões, defendo que a edificação da perspectiva transfeminista no Brasil deve ser analisada à luz da história do Movimento de Travestis e Mulheres Transexuais. Até o momento em que este texto foi escrito, o processo de retroalimentação entre o Movimento e o transfeminismo está objetivamente ocorrendo. Assim, mais uma década se encerra, mas não a nossa luta contra o autoritarismo social à brasileira.

---

96 *Diário da Manhã*. "Travestis comemoram entrada em universidades e esperam diálogo mais saudável", 21 jan. 2016.

3. Outras Sujeitas, Outras Pedagogias

A educação formal se configurou como uma questão fulcral na terceira onda,[1] a partir da complementaridade existente entre o Movimento de Travestis e Mulheres Transexuais no Brasil e o transfeminismo. A inexistência produzida[2] – por meio da qual se naturalizou socialmente a ausência de travestis, mulheres trans, homens trans, entre outras identidades dissidentes de gênero nas instituições educacionais – vem sendo duramente denunciada à medida que essas/es sujeitas/os ingressam nas universidades brasileiras.

Dando continuidade a uma perspectiva que sinaliza as potencialidades de alianças entre os movimentos sociais e a academia, destaco como a questão educacional emerge de forma basilar para as travestis e mulheres trans acadêmicas. Especialmente por considerar os acúmulos construídos durante décadas em que uma práxis político-pedagógica foi desenvolvida pelo Movimento de Travestis e Mulheres Transexuais brasileiro.

Um bom exemplo disso é o folheto educativo de 2010, "Educação sem preconceitos: a travesti na escola", reeditado a partir da campanha "Travesti e respeito" (2004).[3] Esse material surgiu, mais

---

1 Thiago Coacci. *Op. cit.*, 2018.
2 Boaventura de Sousa Santos, *A gramática do tempo: para uma nova cultura política*, 2010b.
3 Durante o processo de produção deste livro foi solicitado ao Ministério da Saúde autorização para a reprodução do material de campanhas públicas vol-

Os acontecimentos do ano de 1979 contribuíram para o início da organização de travestis e mulheres transexuais no Brasil. O movimento surgiu como resposta à violência a que eram submetidas pelo Estado com a aprovação da sociedade. A mídia reforçava e justificava a barbárie, como se essa comunidade fosse uma ameaça para a segurança e a saúde públicas.

A Operação Limpeza, de 1980, retratada na fotografia de Juca Martins, foi uma das mais terríveis ações policiais contra essa população. Comandada pelo delegado José Wilson Richetti, realizava prisões arbitrárias de trabalhadoras sexuais – travestis e mulheres cisgêneras – no Centro de São Paulo (SP). Ações como essa eram realizadas pela Polícia Civil em outras capitais. Em Vitória (ES), a Operação Pente-Fino prendeu a travesti e então trabalhadora sexual Jovanna Baby Cardoso na fila do cinema.

Jovanna Baby Cardoso, ao longo dos anos, se firmou como personalidade central no Movimento para obtenção e manutenção de direitos da comunidade de travestis e mulheres transexuais. Em 1979, diante da violência da polícia capixaba, ela e outras trabalhadoras sexuais fundaram a Associação Damas da Noite, que exigia respeito e dignidade ao poder público. No início da década de 1990, no Rio de Janeiro (RJ), passou a atuar como conscientizadora de saúde sexual em pontos de prostituição. Junto com Elza Lobão, Josy Silva, Beatriz Senegal, Monique du Bavieur e Claudia Pierre France – todas travestis negras e nordestinas –, em 1992, fundou a Associação de Travestis e Liberados (Astral).

Jovanna Baby Cardoso, em companhia de Lindomar Amâncio, no Hotel São Francisco, no Rio de Janeiro, onde ocorreu o VI Entlaids, em 1998.

Jovanna Baby Cardoso, Janaína Dutra e Suziele Oyanka, em Fortaleza (CE), 1996.

Em 1993, a Astral foi responsável pela realização, no Rio de Janeiro, do I Encontro Nacional de Travestis e Liberados. Assim foi fundado um espaço no qual as questões que fundamentariam a atuação político-institucional do movimento pudessem ser discutidas coletivamente. Aqui estão alguns panfletos e cartazes de divulgação dos Entlaids.

A formação de redes nacionais – como a Rede Nacional de Travestis e Liberados (Rentral), atualmente consolidada como Associação Nacional de Travestis e Transexuais (Antra) – possibilitou interações importantes entre o movimento e o governo federal. Hoje, a Antra é a maior e principal rede do Movimento de Travestis e Mulheres Transexuais no Brasil.

ACIMA: Jovanna Baby Cardoso, André Fernandes e Elza Lobão no VIII Entlaids, realizado na cidade de Cabo Frio (RJ), em 2000.

AO LADO: Keila Simpson, atual presidenta da Antra, palestra no XI Entlaids – Uma década de conquistas (2004).

LOGOTIPOS DE ALGUMAS ENTIDADES LIGADAS AO MOVIMENTO DE TRAVESTIS E MULHERES TRANSEXUAIS

Associação de Travestis e Liberados (Astral).

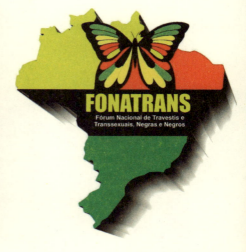

Fórum Nacional de Travestis e Transexuais Negras e Negros (Fonatrans).

Associação Nacional de Travestis e Transexuais (Antra).

Nos dias 6 a 8 de abril de 2016 foi realizado, na Caixa Cultural Rio de Janeiro, o Seminário Transfeminismos, com a presença de nomes de destaque no cenário nacional, como Indianarae Siqueira, Jaqueline Gomes de Jesus e João Nery. A foto registra a mesa "Pessoas Trans no CIStema Educacional", com as pesquisadoras e ativistas (da esquerda para a direita): Viviane Vergueiro, Luma Andrade e Maria Clara Araújo dos Passos.

ACIMA: Logo e slogan do transfeminismo.

Uma possível quarta onda do Movimento acontece no início dos anos 2020. A representação político-partidária é cada vez maior, ao mesmo tempo que a transfobia passa por um processo de institucionalização. Aqui, em ordem, estão retratadas: a deputada estadual Erica Malunguinho (SP), primeira mulher transgênera a integrar uma Assembleia Legislativa no Brasil, a vereadora Erika Hilton (SP) e a codeputada estadual Robeyoncé Lima (PE). As parlamentares travestis e transexuais enfrentam a extrema direita para garantir os direitos da comunidade que representam.

OUTRAS SUJEITAS, OUTRAS PEDAGOGIAS

uma vez, de uma parceria do Movimento junto ao Ministério da Saúde, como parte da campanha "Sou travesti: tenho o direito de ser quem sou". O conteúdo, uma vez que produzido pelas próprias atrizes do Movimento, explicitamente apresenta uma reflexão educacional crítica sobre os fatores que impedem a permanência dessa comunidade nas escolas.

Para as autoras do material educativo, a falta de respeito – isto é, a deslegitimação das questões trazidas pelas educandas travestis como demandas importantes para sua permanência no ensino formal – faz com que essas alunas objetivamente não reconheçam o ambiente escolar como um espaço possível para sua existência:

> A transfobia na escola é um problema que foi vivido por todas as travestis entrevistadas, e é um dos fatores que contribuem para sua formação escolarizada, o que significa também dificuldade de acesso ao mercado de trabalho e marginalização, [...] cidadania [das travestis] é negada.[4]

Na segunda página do fôlder "Educação sem preconceito", quatro aspectos integrantes da realidade escolar são apresentados e problematizados: o uso do nome social das educandas; a relação delas com a comunidade escolar; a utilização do banheiro de acordo com a identidade de gênero; e o momento da aula de Educação Física. Apesar desse material ter sido direcionado a educadoras/es,

---

tadas à saúde de travestis e mulheres transexuais. No entanto, até a finalização desta edição, não obtivemos resposta. Consideramos uma perda a não inclusão das campanhas no encarte fotográfico, mas, àqueles que desejem conhecê-las, o acesso está disponível em: <www.aids.gov.br/pt-br/centrais-de-conteudo/campanhas>. Para acesso direto à campanha "Educação sem preconceitos: a travesti na escola": <www.pesquisa.bvsalud.org/bvsms/resource/pt/mis-32229>.
4 Luma Nogueira de Andrade. *Travestis na escola: assujeitamento e resistência à ordem*, 2015.

não entrarei na discussão sobre sua efetividade em atingir, ou não, o público-alvo.

O que me interessa é destacar essa campanha como um indicativo de que o Movimento gestou, ao longo das décadas de sua construção democrática, uma perspectiva educacional crítico-reflexiva frente aos processos de transfobia institucional presentes nas escolas brasileiras. O Movimento afirma, através do folheto educativo, que o preconceito e a discriminação direcionados às travestis não podem fazer parte da prática exercida pelas/os educadoras/es.

Como sabemos, questões como nome social estão presentes nas discussões e deliberações do Movimento desde os primeiros encontros nacionais. No material de 2010, o reconhecimento do nome social é apontado como um dos fatores que podem garantir a permanência das educandas nas instituições escolares. O momento da chamada, como forma de registro da presença das/os educandas/os na sala de aula, se torna uma das situações em que a população de travestis e transexuais pode vir a sofrer constrangimentos consecutivos durante todo o ano letivo.

Muitos dos decretos, portarias, pareceres e resoluções são concomitántes ou posteriores à criação do material educativo "Educação sem preconceitos: a travesti na escola", o que nos informa que o investimento do Movimento se desdobrou em posicionamentos jurídicos do Estado brasileiro.

Uma matéria publicada pelo jornal *O Globo* em 2019 apontou que 755 educandas/os/es na rede estadual de São Paulo fazem uso do nome social.[5] A incorporação do nome social no Enem desde 2014, assim como em algumas universidades federais – por exemplo, na Universidade Federal do Ceará (UFC), em 2013, na

---

5 Ana Letícia Leão. "Número de alunos com nome social quadruplica desde 2015 em São Paulo", *O Globo*, 31 nov. 2019.

OUTRAS SUJEITAS, OUTRAS PEDAGOGIAS

Universidade Federal da Bahia (UFBA), em 2014, e na Universidade Federal de Pernambuco (UFPE), em 2016 –, indicou que a estrutura educacional pública iniciava um processo autocrítico de repensar quais medidas deveriam ser tomadas para que travestis, transexuais e outras/os/es dissidentes de gênero ingressem e permaneçam em suas instituições.

Nos cinco anos de graduação em Pedagogia que presenciei, fui apresentada a diversas/os autoras/es que afirmam o papel da escola para a construção do pensamento crítico das/os educandas/os. A escola é também posicionada como a instituição na qual se aprende sobre nossos direitos e deveres. Sendo assim, ela é, por excelência, o espaço em que as pessoas se constituem como sujeitas/os de direitos.

No que se refere às travestis e transexuais, contudo, Luma Andrade, a primeira travesti doutora no Brasil, aponta a expulsão sistemática que não permite a essas subjetividades finalizar seu ciclo da educação básica. Então, devemos nos questionar: onde as travestis e transexuais brasileiras se constituíram como cidadãs, uma vez que estavam fora do ambiente escolar? Podemos afirmar que uma parte das travestis e transexuais brasileiras se autorreconheceram criticamente como sujeitas políticas e de políticas[6] através de suas experiências concretas no Movimento de Travestis e Mulheres Transexuais.

Desde a primeira onda, o momento de formação do Movimento, aprendizagens foram mobilizadas através da práxis. As primeiras questões debatidas – cidadania, participação na máquina estatal, políticas públicas, nossos direitos e deveres, dentre outras – mostram como as experiências, ao longo de três décadas

---

6 Miguel G. Arroyo. *Op. cit.*, p. 15.

PEDAGOGIAS DAS TRAVESTILIDADES

de organização sociopolítica, foram sendo marcadas por processos formativos e "intervenções pedagógicas".[7]

Foram justamente essas intervenções pedagógicas as responsáveis por fazer travestis e mulheres transexuais se autorreconhecerem como criticamente capazes de intervir na sociedade. E elas logo passaram a refletir sobre a concepção hegemônica de educação, tendo em vista que o processo de conscientização política, nesse caso, implicou a constatação de que elas também deveriam estar e permanecer nos ambientes escolares. Isso se expressa no material educativo "Educação sem preconceitos".

> Se o pensamento em que foram produzidos como inferiores faz parte do padrão de poder/saber e do padrão político de dominação/subordinação, também em nossa história foram se constituindo movimentos sociais, ações coletivas que vêm fazendo do conhecimento, da cultura, da memória e identidades um campo de afirmação, formação e emancipação. Se o padrão de poder/saber conformou um pensamento sociopedagógico para inferiorizar os coletivos populares, esses em suas ações/reações/afirmações inventaram outras formas de pensar-se e *formar-se*, outro pensamento sociopedagógico. *Outras Pedagogias.*[8]

Jovanna Cardoso, idealizadora e fundadora da primeira organização de travestis no Brasil, continuamente afirma o papel político-

---

7 "Intervenção pedagógica" é um método de ensino em que a/o educadora/or mobiliza conhecimentos já adquiridos pelas/os educandas/os para que alguma situação de dificuldade seja superada. *Ver* José Carlos Libâneo, *Pedagogia e pedagogos, para quê?*, 2010.

8 Miguel G. Arroyo. *Op. cit.*, p. 39, grifos meus.

OUTRAS SUJEITAS, OUTRAS PEDAGOGIAS

-pedagógico dos Encontros Nacionais de Travestis e Transexuais na primeira e segunda ondas,[9] o que corrobora minha postulação de que a educação não formal fez parte da história do Movimento. Os Encontros Nacionais de Travestis e Transexuais se constituíram como o espaço público em que o letramento político-institucional se tornou possível para a coletividade de travestis e transexuais anualmente articuladas.

Miguel Arroyo, ao discutir os movimentos sociais latino--americanos, questiona "com que pedagogias aprenderam a se organizar, lutar por direitos tão tensos como direito à terra, ao solo, ao teto, à escola?".[10] Nesse sentido, a práxis exercida por aquelas/es reconhecidas/os como Outras/os afirma intrinsecamente outras pedagogias em que suas novas concepções desestabilizam a "agenda política, social, cultural e pedagógica" do opressor.[11]

Quais "Outras Pedagogias"?

Quais pedagogias de libertação e emancipação foram afirmadas por travestis e transexuais tendo como matriz teórico-prática a práxis político-pedagógica exercida pelo Movimento de Travestis e Mulheres Transexuais durante sua história?

Discorrer sobre tais pedagogias é também posicioná-las em um lugar de visibilidade e legitimidade. Parto do princípio de que "reconhecer ou ignorar essas pedagogias de libertação, emancipação passa a ser uma questão político-epistemológica para as teorias pedagógi-

---

9 Thiago Coacci. *Op. cit.*, 2018.
10 Miguel G. Arroyo. *Op. cit.*, p. 9.
11 *Ibidem*, p. 10.

cas".[12] Sendo assim, cabe apresentar e discutir algumas produções acadêmicas de travestis e mulheres trans tendo como questão central suas experiências como "sujeitos pedagógicos", nos termos de Arroyo, como produtoras de Outras Pedagogias.

Uma delas é a educadora Marina Reidel, que nos propõe uma Pedagogia do Salto Alto. Em sua dissertação de mestrado para o Programa de Pós-Graduação em Educação da Universidade Federal do Rio Grande do Sul (UFRGS), ela afirma que as educadoras travestis e transexuais possuem "uma força imensurável para conquistar um caminho de respeito, de valorização e profissionalismo".[13] A educadora visibilizou teorias pedagógicas até então não reconhecidas ou sequer vistas. Desde o texto de introdução de sua Pedagogia do Salto Alto, Reidel coloca a existência ou não de educadoras travestis e transexuais como um problema de pesquisa. "Existem? Quem são? Onde estão?", foram as perguntas realizadas por Marina.

Ainda que Reidel não cite o autor, Boaventura de Sousa Santos e sua sociologia das ausências nos ajuda a descortinar os ocultamentos. Após se questionar a respeito da existência de educadoras travestis ou mulheres transexuais, Marina Reidel entrevistou sete delas e, assim, certificou que existem travestis e mulheres transexuais profissionais da educação. Concluo, então, junto de Boaventura que "o que não existe é, na verdade, ativamente produzido como não existente, isto é, como uma alternativa não credível ao que existe"[14] – em outras palavras: elas existem, mas não são vistas como "existências possíveis" frente à realidade, portanto, a ausência dessas educadoras é resultado de um artifício do discurso de ocultamento dessas vivências.

---

12 *Ibidem*, p. 15.
13 Marina Reidel. *A Pedagogia do Salto Alto: histórias de professoras transexuais e travestis na educação brasileira*, 2014, p. 16.
14 Boaventura de Sousa Santos. *Op. cit.*, 2010b, p. 102.

OUTRAS SUJEITAS, OUTRAS PEDAGOGIAS

Buscando articular a práxis político-pedagógica exercida por essas profissionais com a literatura pós-estruturalista produzida na Faculdade de Educação da UFRGS,[15] a Pedagogia do Salto Alto é alicerçada, então, nas práticas das educadoras travestis e mulheres transexuais que refletiram criticamente sobre as hegemonias perpetuadas através das instituições escolares. Essas educadoras desenvolveram possibilidades pedagógicas com base em sua corporalidade, que causa desequilíbrio não só nas normas de gênero e sexualidade, como também na própria escola e no modo como essa instituição busca apagar o corpo e a trajetória pessoal daquelas/es que ocupam a posição de educadoras/es.

Em sua Pedagogia do Salto, Marina Reidel – que é uma atriz sociopolítica dos Movimentos LGBTQIA+ – trouxe, para um importante programa de pós-graduação em Educação, "novos agentes, [...] novos olhares, buscando outras proposições acerca das relações humanas e de sociedade como um todo".[16] Essa proposta é a concretização de décadas de luta do Movimento de Travestis e Mulheres Transexuais. As educadoras travestis e transexuais que outrora eram tidas como inexistentes, mas que hoje se forjam como presenças afirmativas, nos termos de Arroyo, reafirmam o conflito como um instrumento político-pedagógico.

Adriana Sales, por sua vez, reivindica Pedagogias e Currículos *Queer* que contemplem os marcos teórico-práticos apresentados pelo Movimento. Com o título "Travestis brasileiras e escolas (da vida): cartografias do movimento social organizado aos gêneros nômades", sua tese para o Programa de Pós-Graduação em Psicologia da Universidade Estadual Paulista (Unesp) mobiliza autoras/es como Suely Rolnik, Paul B. Preciado, Félix

---

15 Esta corrente é bastante difundida e tem como expoentes a professora doutora Guacira Lopes Louro e o professor doutor Tomaz Tadeu da Silva, ambos da UFRGS.
16 Marina Reidel. *Op. cit.*, p. 48.

PEDAGOGIAS DAS TRAVESTILIDADES

Guattari, Michel Foucault e Gilles Deleuze para analisar as trajetórias de treze travestis que construíram o Movimento de Travestis e Mulheres Transexuais no Brasil.

A partir do método cartográfico, buscando sistematizar essas experiências, Adriana Sales aponta que o Movimento e as atrizes entrevistadas apresentam outras significações psicossociais e éticas. A autora busca se aprofundar nas subjetivações e nos trânsitos dessas corporalidades, que afirmam um caráter nômade. Em diálogo com a filósofa feminista Rosi Braidotti, seu trabalho compreende as experiências cartografadas como produtoras de novas discursividades:

> Mapear as travestilidades, enquanto produções de gêneros nômades, ultrapassa e desconstrói os machismos falocêntricos, que sempre ditaram as regras e normas, inclusive das consciências, dando vazão a novas configurações precárias e subalternas de vidas, que se posicionam contrárias aos aprisionamentos do falo ao gênero, porque as travestis são pessoas que se apresentam numa perspectiva de gênero feminina, mas não de mulher, porém jamais homens.[17]

À luz dessas travestilidades nômades, a normatividade incrustada em práticas pedagógicas e currículos pode ser questionada e rompida. As Pedagogias e os Currículos *Queer* reivindicados por Adriana Sales fazem parte da difusão da teoria *queer* enquanto mobilizadora de rupturas, desestabilizações, estranhezas e dúvidas permanentes. A perspectiva pedagógica e curricular apresentada no trabalho refuta as transfobias institucionais e os discursos escolares essencialistas acerca das questões de gênero e sexualidade.

---

17 Adriana Sales. *Op. cit.*, p. 87.

OUTRAS SUJEITAS, OUTRAS PEDAGOGIAS

A terceira pedagogia que anuncio é a de Thiffany Odara. Seu livro *Pedagogia da Desobediência: travestilizando a educação* é fruto da monografia apresentada para obtenção do título de especialista em gênero, raça/etnia e sexualidade na Formação de Professoras/es na UFBA. Em termos teóricos, Odara se afasta um pouco de Marina Reidel e Adriana Sales ao construir um diálogo enfático com os feminismos negros e as perspectivas decoloniais de gênero.

A Pedagogia da Desobediência compreende a centralidade da raça quando debatemos sobre as vidas e experiências pedagógicas das travestis negras que nasceram e vivem no Brasil, último país das Américas a abolir o sistema escravista. Em diálogo com Carla Akotirene, Thiffany invoca a interseccionalidade como sensibilidade analítica para captar as encruzilhadas que compõem as experiências das travestilidades negras brasileiras.

Fruto da práxis político-pedagógica realizada pelo Movimento de Travestis e Mulheres Transexuais do estado da Bahia, a Pedagogia da Desobediência qualifica as entrevistadas como produtoras de saberes desobedientes. A educação e seus "mecanismos sacrificiais" são tensionados pelas epistemologias que emergem da prática social e política das travestis organizadas:

A Pedagogia da Desobediência diz respeito a um processo desobediente que promove perspectivas educacionais sob a luz da organicidade insurgente das travestis. Logo, toda essa bagagem vem acompanhada da estratégia de travestilizar as normas vigentes de políticas educacionais, assim como currículos excludentes que dialogam diretamente com os conhecidos e chamados de padrões dominantes.[18]

---

18 Thiffany Odara. *Pedagogia da Desobediência: travestilizando a educação*, 2020, p. 91.

PEDAGOGIAS DAS TRAVESTILIDADES

Thiffany Odara dá continuidade às críticas de Marina Reidel e Adriana Sales acerca da escola como espaço de violências sistemáticas contra travestis e transexuais. Contudo, se diferencia em termos bibliográficos por seu diálogo enfático com a produção insurgente das mulheres negras brasileiras, ao passo que referenciou Lélia Gonzalez, Sueli Carneiro, Conceição Evaristo, Jurema Werneck, Claudia Pons Cardoso e outras. A discussão decolonial feita por Odara demonstra um compromisso com as agências sociais, políticas e epistêmicas do Sul. Logo, a Pedagogia da Desobediência estabelece pontes indispensáveis com a opção decolonial latino-americana.

Pedagogias das Travestilidades

À luz da Sociologia das Emergências de Boaventura de Sousa Santos, é possível afirmar que Marina Reidel, Adriana Sales e Thiffany Odara, assim como muitas outras intelectuais travestis e mulheres transexuais, rompem com as linhas abissais no fazer educativo. A partir desse conceito, o professor português advoga por uma "ampliação simbólica dos saberes, práticas e agentes de modo a identificar neles as tendências de futuro".[19]

Nesse sentido, cada uma das intelectuais destacadas neste capítulo afirma sua pedagogia como fruto da práxis político-pedagógica do Movimento de Travestis e Mulheres Transexuais no Brasil e gestada através da construção democrática realizada por travestis e mulheres transexuais conscientes de suas responsabilidades sociais e políticas.

Marina Reidel propõe uma Pedagogia do Salto Alto, Adriana Sales reivindica Pedagogias e Currículos *Queer* e Thiffany Oda-

---

19 Boaventura de Sousa Santos. *Op. cit.*, 2010b, p. 118.

OUTRAS SUJEITAS, OUTRAS PEDAGOGIAS

ra anuncia uma Pedagogia da Desobediência. Embora sejam elaborações teórico-práticas que possuem traços constitutivos singulares, todas partem dos pontos de vista (*standpoints view*)[20] da população de travestis e transexuaîs brasileira. Sendo assim, quando analisadas conjuntamente, constituem o que nomeio aqui de "Pedagogias das Travestilidades". Um conjunto de outras possibilidades pedagógicas orientadas pelo ponto de vista das travestis e transexuais enquanto educadoras-educandas, dentro das escolas e universidades ou fora delas, atuando na sociedade.

Espaços como o Encontro Nacional de Travestis e Transexuais materializam a ideia apresentada por José Carlos Libâneo sobre a existência de agentes educativos não formais atuando nos movimentos sociais através de um "poder pedagógico".[21]

Logo, contrapondo quaisquer perspectivas que se proponham neutras, as Pedagogias das Travestilidades não ocultam suas finalidades sociopolíticas.[22] Pelo contrário, estão profundamente comprometidas com a transformação da sociedade e com o desmantelamento do autoritarismo social que violenta de forma sistemática o corpo e a subjetividade das travestis e mulheres transexuais brasileiras.

As tendências de futuro apresentadas pelo Movimento de Travestis e Mulheres Transexuais perpassam diversos campos de atuação e de produção do saber, como política, saúde, segurança pública, cultura, entre outros. Porém, diante da desumanização contínua vivida por essa população nas escolas, o esforço teórico-prático coletivo que realizam no ensino superior tem sido

---

20 Patricia Hill Collins. *Pensamento feminista negro: conhecimento, consciência e a política do empoderamento*, 2019.
21 José Carlos Libâneo. *Pedagogia e pedagogos, para quê?*, 2010, p. 27.
22 *Ibidem*, p. 30.

PEDAGOGIAS DAS TRAVESTILIDADES

reconhecer a educação como um espaço-tempo suscetível a mudanças paradigmáticas.[23] Isso é realizado através da proposição de outras pedagogias ou, como aqui nomeio, através das Pedagogias das Travestilidades.

> A diversidade de movimentos sociais aponta que não podemos falar de uma única pedagogia nem estática nem em movimento, mas de pedagogias antagonistas construídas nas tensas relações políticas, sociais e culturais de dominação/ subordinação e de resistência/afirmação de que eles participam [...] os movimentos sociais se afirmam atores nessa tensa história pedagógica. Em sua diversidade de ações [...] se afirmam sujeitos centrais na afirmação/fortalecimento das pedagogias de libertação [...].[24]

As Pedagogias das Travestilidades põem em cena, compartilhando com a sociedade brasileira, outras lentes e ferramentas para a transformação radical da realidade opressora transfóbica. Expõem, dessa maneira, os aparatos que imputaram às travestis e transexuais certas condições precarizadas de vida como fatos intransponíveis. Ao desnaturalizar a desumanização como destino dado,[25] essas outras possibilidades pedagógicas desvelam o histórico de violência vivido por travestis e transexuais nas instituições de ensino brasileiras. Suas ações propositivas se apresentam como uma educação que causa "desequilíbrios" (Pedagogia do Salto Alto), "estranhezas" (Pedagogia *Queer*) e "desobediências" (Pedagogia da Desobediência) frente à ordem estabelecida.

---

23 Nilma Lino Gomes. *Op. cit.*, 2017.
24 Miguel G. Arroyo. *Op. cit.*, p. 29.
25 Paulo Freire. *Op. cit.*, 1981.

OUTRAS SUJEITAS, OUTRAS PEDAGOGIAS

Uma vez que se constituem a partir das experiências do Sul, as Pedagogias das Travestilidades dialogam diretamente com as pedagogias e os currículos decoloniais gestados pelos movimentos sociais latino-americanos. Segundo Catherine Walsh,[26] essas pedagogias decoloniais "integram o questionamento e a análise crítica, a ação social transformadora, mas também a insurgência e intervenção nos campos do poder, saber e ser, e na vida". Também em decorrência disso, as Pedagogias das Travestilidades propõem um "desaprender para reaprender".[27] Nas teorizações de Reidel, Sales e Odara, é evidente como certas construções hegemônicas cristalizadas em nossos discursos e práticas educacionais precisam ser tensionadas e reorientadas.

Investigar criticamente o currículo garante que percebamos como certas representações partem do ponto de vista do grupo dominante. Por isso, decolonizar a educação implica desaprender e se desprender das pedagogias sacrificiais, assim propiciando uma reaprendizagem a partir dos novos marcos teórico-práticos anunciados pelas insurgências decoloniais latino-americanas.

Divergindo da concepção moderna que acredita na separabilidade entre a mente e o corpo, as Pedagogias Decoloniais afirmadas pelos movimentos sociais latino-americanos são intrinsecamente contestadoras. Isso não só por serem apresentadas por populações que buscam combater o sexismo, o empobrecimento, a LGBTQIA+fobia, o racismo, dentre outras opressões, como também por contrapor o que hegemonicamente foi difundido como método científico

---

26 Catherine Walsh. "Interculturalidade crítica e pedagogia decolonial: in-sugir, re-existir e re-viver", 2009, p. 27.

27 Claudia Miranda. "Currículos decoloniais e outras cartografias para a educação das relações étnico-raciais: desafios político-pedagógicos frente à Lei nº 10.639/2003", 2013, p. 103.

hegemônico, visto que "cientificismo, positivismo, autoridade masculina, elitismo e eurocentrismo devem ser desembaraçados no processo pelo qual um conhecimento libertador é desenvolvido".[28]

São pedagogias que não escondem sua forte ligação com a vida, com a concretude da existência – considerando que existência e conhecimento, para os movimentos sociais latino-americanos, caminham conjuntamente. Os saberes construídos em suas lutas emergem de uma práxis político-pedagógica que não proclama um lugar universal, desencorporado e neutro. De modo contrário, reconhecem que as transformações têm estreitas relações com o que as constitui: nesse caso, identidade de gênero, idade, sexualidade, raça, classe, etnia, região, credo, entre outros marcadores.

As Pedagogias das Travestilidades, assim como outras pedagogias gestadas pelos heterogêneos projetos políticos latino-americanos, incidem objetivamente na presunção moderno/colonial de se autoproclamar como universal. Os temas, paradigmas e métodos insurgentes gestados pelos movimentos sociais latino-americanos carregam consigo uma longa trajetória de lutas travadas contra o colonialismo e as colonialidades.

Portanto, os saberes insurgentes, contestadores e afirmativos dos movimentos sociais latino-americanos, na busca permanente pela libertação coletiva, tomam consciência do silenciamento histórico prescrito e seguem rumo a uma contínua desestabilização das matrizes hegemônicas que sustentam uma educação desumanizadora e dominadora.

---

28 Linda Martín Alcoff. "Uma epistemologia para a próxima revolução", 2016, p. 130.

4. Entre as inquietações finais e as tendências de futuro: desafios para o Movimento de Travestis e Mulheres Transexuais na atualidade brasileira

A contextualização histórica desenvolvida neste livro espera não só impedir o apagamento das agências das travestis e mulheres transexuais na construção de um outro Brasil, como também avançar em termos teóricos e de análise a respeito de como a academia tem compreendido essas atuações.

A atual conjuntura no Brasil nos mostra que os assassinatos de travestis e transexuais continuam a ocorrer frente a um Estado omisso, que não reconhece o genocídio trans[1] como uma problemática em nosso país. Segundo Bruna Benevides e Sayonara Nogueira, 124 travestis e transexuais foram assassinadas/os no Brasil em 2019, primeiro ano de gestão do presidente Jair Bolsonaro.[2] Dessas 124 pessoas trans assassinadas, 97,7% (121 assassinatos) eram travestis e mulheres trans, 59,2% do total das vítimas tinham entre 15 e 29 anos e 82% eram pretas/os ou pardas/os, logo, negras/os.

---

1 Jaqueline Gomes de Jesus. *Op. cit.*, 2014b.
2 Bruna G. Benevides e Sayonara N. B. Nogueira. *Dossiê dos assassinatos e da violência contra travestis e transexuais brasileiras em 2019*, 2020.

PEDAGOGIAS DAS TRAVESTILIDADES

A despeito desse quadro de horror, o Movimento de Travestis e Mulheres Transexuais, nesse início de uma possível quarta onda (seguindo a sistematização de Thiago Coacci, 2018), tem apontado interesses que vão além da formação de travestis e transexuais para atuar no trabalho de base. Desde 2016, a Associação Nacional de Travestis e Transexuais (Antra) tem mapeado candidaturas políticas de travestis e transexuais. No pleito de 2020, testemunhamos 294 candidaturas trans. O resultado final foi igualmente contundente: mais de trinta pessoas trans foram eleitas em 2020.[3]

É possível conjecturar, diante dos dados apresentados pela Antra, que os diálogos do Movimento com o Estado foram responsáveis por um amadurecimento do coletivo quanto à institucionalidade política. Parte desse amadurecimento consiste na compreensão de que existem fragilidades nas interlocuções até então construídas com os partidos políticos progressistas, o que exige um posicionamento, em primeira pessoa, das próprias travestis e mulheres transexuais. Esse reconhecimento impôs, assim, uma nova máxima: eleições sem travestis e transexuais também constituem golpes, como entoou Indianarae Siqueira diante da impugnação de sua candidatura pelo Partido Socialismo e Liberdade (Psol), em 2018.[4]

Assim como em 1992, em 2018, presenciamos travestis negras insurgindo criticamente diante das inexistências produzidas. A concretização das vitórias eleitorais como as de Erica Malunguinho (2019-2022, sp), Erika Hilton (2019-2022, sp)[5] e Robeyoncé

---

3 Antra. "Eleições 2020", 15 nov. 2020.

4 Desacato, "'Eleições sem travestis e transexuais também é golpe', diz Indianare Siqueira ao ter candidatura negada pelo Psol-RJ", 29 jun. 2018.

5 Erika Hilton é a primeira mulher transexual a ocupar o cargo de vereadora na Câmara Municipal de São Paulo, tendo sido eleita, em 2020, com mais de 50 mil votos.

ENTRE AS INQUIETAÇÕES FINAIS E AS TENDÊNCIAS DE FUTURO

Lima (2019-2022, PE) representam para o Movimento as tendências de futuro.[6] Desde 2019, a Assembleia Legislativa de São Paulo e a Assembleia Legislativa de Pernambuco testemunham as afirmações sociopolíticas de parlamentares travestis negras. Tanto em 1992, com a articulação da Astral e outras ações, como em 2018, com a presença na institucionalidade legislativa, as encruzilhadas interseccionais das travestilidades negras brasileiras marcaram a cultura política do país com suas agências.

Um apontamento inicial a respeito das experiências de travestis e mulheres transexuais negras ocupando cargos políticos nesta possível quarta onda se desenha em diálogo com Patricia Hill Collins e seu artigo "Aprendendo com a *outsider within*: a significação sociológica do pensamento feminista negro", de 2016. A autora aponta que as mulheres negras desenvolveram um olhar epistêmico privilegiado por estarem inseridas em espaços em que as dinâmicas de poder dos grupos dominantes estão visíveis, ainda que elas sejam posicionadas como *outsiders* rotineiramente.

Em um momento em que a transfobia passa por um processo de institucionalização, as experiências de parlamentares travestis negras dialogam com o conceito proposto por Hill Collins: elas estão dentro da estrutura e conseguem analisar a extrema direita de perto. E, assim, têm condições de reunir elementos que balizam uma proposição à altura dos desafios colocados.

Exemplos de violências do Estado são ações como a do governador João Doria (2019-2022, SP), de confiscar apostilas direcionadas à rede estadual de ensino pelo fato de discutirem identidade de gênero.[7] Ou a proibição, vinda do presidente Jair Bolsonaro, à

---

6 Boaventura de Sousa Santos. *Op. cit.*, 2010b, p. 118.
7 G1-SP. "Doria manda recolher apostila de ciências que fala sobre diversida-

PEDAGOGIAS DAS TRAVESTILIDADES

realização de um vestibular com vagas ociosas dirigido às pessoas trans, que viria a ser aplicado pela Universidade da Integração da Lusofonia Afro-Brasileira (UNILAB).[8]

Cientes que a categoria acusatória "ideologia de gênero" tem suscitado ataques ao princípio da autodeterminação de gênero – o que se expressou no título "Não temos ideologia de gênero, temos identidade" do XXII Encontro Nacional de Travestis e Transexuais, realizado em 2017 na cidade de Teresina/PI –, as Pedagogias das Travestilidades ocuparão um lugar central de enfrentamento a essa articulação fascista. O trabalho pedagógico crítico acerca das questões de gênero, sexualidade, raça e etnia enfrenta, neste momento histórico, atores e discursos comprometidos com as opressões estruturais. Por isso, frente ao que Nilma Lino Gomes[9] chama de "resistência colonial a um currículo decolonial", caberá às Pedagogias das Travestilidades – as aqui discutidas e as outras que surgirão – o desafio permanente de desmantelar a modernidade/colonialidade traduzida em intenções educacionais e curriculares pretensamente neutras.

A práxis político-pedagógica do Movimento de Travestis e Mulheres Transexuais no Brasil segue representando a maior ferramenta de luta da população de travestis e transexuais no país. Em 2022, comemoramos os trinta anos de formação da Astral. Desde 1992, a conjuntura sociopolítica do país passa por fortes

---

de sexual: 'não aceitamos apologia à ideologia de gênero'." Portal G1, 03 set. 2019. Disponível em: <www.g1.globo.com/sp/sao-paulo/noticia/2019/09/03/doria-manda-recolher-livros-de-ciencia-que-fala-sobre-diversidade-sexual-nao-aceitamos-apologia-a-ideologia-de-genero.ghtml>. Acesso em: 9 set. 2020.
8 João Pedro Pitombo e Natália Cancian. "Bolsonaro anuncia suspensão de vestibular para trans em universidade federal", 16 jul. 2019.
9 Nilma Lino Gomes. "O Movimento Negro e a intelectualidade negra descolonizando os currículos", 2018, p. 228.

ENTRE AS INQUIETAÇÕES FINAIS E AS TENDÊNCIAS DE FUTURO

mudanças: ambivalências constituídas por aberturas e recuos foram vividas ao passo que o Movimento atuou e ampliou as agendas sociopolíticas e pedagógicas.

Em aliança com as parlamentes travestis negras, que seguem o trabalho iniciado pela vereadora Kátia Tapety em Colônia (1993-2004, PI), caberá ao Movimento dar continuidade aos Encontros Nacionais de Travestis e Transexuais enquanto espaços públicos em que a construção democrática é exercida e em que processos formativos e de conscientização política e social se tornam possíveis.

A práxis político-pedagógica exercida pelo Movimento, orientada pelo projeto político emancipatório das travestis e mulheres transexuais brasileiras, propõe outros modos de ação coletiva. São sistematizadas novas metodologias para o diálogo com o Estado e com os partidos políticos, além de anunciar Outras Pedagogias frente a uma resistência colonial aos currículos e às pedagogias decoloniais. E assim, estão sendo produzidas, hoje, as Pedagogias das Travestilidades.

BIBLIOGRAFIA

Adriana Sales. *Travestis brasileiras e escolas (da vida): cartografias do movimento social organizado aos gêneros nômades*. São Paulo: Unesp, 2018. 305 pp. Tese (Doutorado em Psicologia).

Alessandro Soares Silva; Renato Barboza. "Exclusão social e consciência política: luta e militância de transgêneros no Entlaids". *Cadernos CERU*, v. 20, nº 1, 2009, pp. 257-276.

Ana Flor Fernandes Rodrigues. "Quem não quer as travestis nas escolas? Uma volta até a ditadura militar no Brasil". *Revista Semana Pedagógica*, v. 1, nº 1, 2019, pp. 198-200.

Ana Letícia Leão. "Número de alunos com nome social quadruplica desde 2015 em São Paulo", *O Globo*, 31 nov. 2019. Disponível em: <www.oglobo.globo.com/sociedade/numero-de-alunos-com-nome--social-quadruplica-desde-2015-em-sao-paulo-1-24110399>. Acesso em: 4 set. 2020.

Angela Boldrini. "Universitários trans são mais negros, mais pobres e mais engajados, mostra pesquisa". *Folha de S.Paulo*, 17 fev. 2021. Disponível em: <www.folha.uol.com.br/cotidiano/2021/02/universi-tarios-trans-sao-mais-negros-mais-pobres-e-mais-engajados-mos-tra-pesquisa.shtml>. Acesso em 10 jun. 2022.

Antra. "Eleições 2020", 15 nov. 2020. Disponível em: <www.antrabrasil.org/eleicoes2020/>. Acesso em 10 jun. 2022.

Beatriz Pagliarini Bagagli. "A diferença trans no gênero para além da patologização". *Revista Periódicus*, v. 1, nº 5, 2016, pp. 87-100.

BIBLIOGRAFIA

_____. "Orientação sexual na identidade de gênero a partir da crítica da heterossexualidade e cisgeneridade como normas". *Letras escreve*, v. 7, nº 1, 2017, pp. 137-164.

bell hooks. *Ensinando a transgredir: a educação como prática da liberdade*. Trad. Marcelo Brandão Cipolla. São Paulo: Editora WMF Martins Fontes, 2013.

_____. *Erguer a voz: pensar como feminista, pensar como negra*. Trad. Cátia Bocaiuva Maringolo. São Paulo: Elefante, 2019.

Boaventura de Sousa Santos. "Para além do pensamento abissal: das linhas globais a uma ecologia de saberes". In: _____; Maria Paula Meneses (Orgs.). *Epistemologias do Sul*. São Paulo: Cortez, 2010a, pp. 31-83.

_____. "Uma Sociologia das Ausências e uma Sociologia das Emergências". In: *A gramática do tempo: para uma nova cultura política*. São Paulo: Cortez, 2010b, pp. 93-136.

Bruna G. Benevides; Sayonara N. B. Nogueira. *Dossiê dos assassinatos e da violência contra travestis e transexuais brasileiras em 2019*. São Paulo: Expressão Popular, Antra, IBTE, 2020.

_____; _____. *Dossiê: assassinatos e violência contra travestis e transexuais no Brasil em 2018*. Brasil: Antra/IBTE, 2019.

Carla Akotirene. *O que é interseccionalidade?*. Belo Horizonte: Letramento, 2018.

Carla Cristina Garcia. *Breve história do feminismo*. São Paulo: Claridade, 2015.

Carolina Bonomi. *"Mulher da vida, é preciso falar": um estudo do movimento organizado de trabalhadoras sexuais*. Campinas: Unicamp, 2019. 192 pp. Dissertação (Mestrado em Ciência Política).

Catherine Walsh. "Interculturalidade crítica e pedagogia decolonial: in-sugir, re-existir e re-viver". In: Vera Maria Candau (Org.). *Educação intercultural na América Latina: entre concepções, tensões e propostas*. Rio de Janeiro: 7 Letras, 2009.

Céu Cavalcanti; Roberta Brasilino Barbosa; Pedro Paulo Gastalho Bicalho. "Os tentáculos da tarântula: abjeção e necropolítica em operações policiais a travestis no Brasil pós-redemocratização". *Psicologia: Ciência e Profissão*, v. 38, número especial 2, 2018, pp. 175-191.

Claudia Miranda. "As epistemologias das redes de mulheres negras e dos movimentos pedagógicos na contramão: por outras cimarronajes nos territórios da diáspora afrolatina". *Geopauta*, Vitória da Conquista, v. 4, nº 3, 2020, pp. 99-115.

_____. "Currículos decoloniais e outras cartografias para a educação das relações étnico-raciais: desafios político-pedagógicos frente à Lei nº 10.639/2003". *Revista da* ABPN, v. 5, nº 11, 2013, pp. 100-118.

_____. "Das insurgências e deslocamentos intelectuais negros e negras: movimentos sociais, universidade e pensamento social brasileiro, século XX e XXI". *Revista da* ABPN, v. 10, nº 25, 2018, pp. 329-345.

Cláudia Vianna. *Políticas de educação, gênero e diversidade sexual: breve história de lutas, danos e resistências.* São Paulo: Autêntica, 2018.

Cleyton Feitosa. *Políticas públicas LGBT e construção democrática no Brasil.* Curitiba: Editora Appris, 2017.

Cristina Câmara. *Cidadania e orientação sexual: a trajetória do grupo Triângulo Rosa.* Rio de Janeiro: Academia Avançada, 2002.

Daniel Carvalho Cardinali. *A judicialização dos direitos LGBT no STF: limites, possibilidades e consequências.* Belo Horizonte: Arraes Editores, 2018.

Desacato. "'Eleições sem travestis e transexuais também é golpe', diz Indianare Siqueira ao ter candidatura negada pelo Psol-RJ", 29 jun. 2018. Disponível em: <www.desacato.info/eleicoes-sem-travestis-e--transexuais-tambem-e-golpe-diz-indianare-siqueira-ao-ter-candidatura-negada-pelo-psol-rj/>. Acesso em: 9 set. 2020.

Diário da Manhã. "Travestis comemoram entrada em universidades e esperam diálogo mais saudável", 21 jan. 2016. Disponível em: <www.diariodamanha.com/noticias/travestis-comemoram-entrada-em-universidades-e-esperam-dialogo-mais-saudavel/ >. Acesso: em 9 set. 2020.

Djamila Ribeiro. *O que é lugar de fala?.* Belo Horizonte: Letramento; Justificando, 2017.

Elias Ferreira Veras. *Travestis: carne, tinta e papel.* Curitiba: Editora Appris, 2020.

BIBLIOGRAFIA

Eliete Santiago. "O projeto político pedagógico enquanto mecanismo de gestão democrática". In: Laêda Bezerra Machado; _____ (Orgs.). *Políticas e gestão da educação básica*. Recife: Editora Universitária da UFPE, 2009, pp. 95-108.

Euzeneia Carlos. "Movimentos sociais e permeabilidade estatal na construção de encaixes institucionais". In: *Anais do 41º Encontro Anual da ANPOCS*. São Paulo: ANPOCS, 2017.

_____. "Movimentos sociais: revisitando a participação e a institucionalização". *Lua Nova: Revista de cultura e política*, São Paulo, nº 84, 2011, p. 315-348.

Evelina Dagnino. "Os movimentos sociais e a emergência de uma nova noção de cidadania". In: _____ (Org.). *Os anos 90: política e sociedade*. São Paulo: Brasiliense, 2004, p. 103-118.

_____; Alberto J. Olvera; Aldo Panfichi. "Para uma outra leitura da disputa pela construção democrática". In: _____ (Orgs.). *A disputa pela construção democrática na América Latina*. São Paulo: Paz e Terra; Campinas: Unicamp, 2006, p. 13-75.

Frantz Fanon. *Os condenados da terra*. Trad. José Lourênio de Melo. Rio de Janeiro: Civilização Brasileira, 1979.

G1-SP. "Doria manda recolher apostila de ciências que fala sobre diversidade sexual: 'não aceitamos apologia à ideologia de gênero'." Portal G1, 03 set. 2019. Disponível em: <www.g1.globo.com/sp/sao-paulo/noticia/2019/09/03/doria-manda-recolher-livros-de-ciencia-que-fala-sobre-diversidade-sexual-nao-aceitamos-apologia-a-ideologia-de--genero.ghtml>. Acesso em: 9 set. 2020.

Gilson Goulart Corrijo et al. "Movimentos emaranhados: travestis, movimentos sociais e práticas acadêmicas". *Revista Estudo Feministas*, v. 27, nº 2, 2019, pp. 1-14.

Guilherme Almeida. "'Homens trans': novos matizes na aquarela das masculinidades?". *Revista Estudos Feministas*, Florianópolis, v. 20, nº 2, 2012, pp. 513-523.

Hailey Kaas Alves. "O que é e por que precisamos do transfeminismo". In: Leonardo Sakamoto; Maíra Kubik Mano (Orgs.). *A quem per-*

PEDAGOGIAS DAS TRAVESTILIDADES

tence o corpo da mulher? *Reportagens e ensaios.* São Paulo: Repórter Brasil, 2013.

Iria Brzezinski. "Tramitação e desdobramentos da LDB/1996: embates entre projetos antagônicos de sociedade e de educação". *Trabalho, Educação e Saúde,* Rio de Janeiro, v. 8, n° 2, 2010, pp. 185-206. Disponível em: <www.scielo.br/j/tes/a/TNWFnmD9yYcPCsbfLX4sXrz/?lang=pt>. Acesso em: 11 mai. 2022.

James N. Green. *Além do Carnaval: a homossexualidade masculina no Brasil do século* xx. São Paulo: Unesp, 2000.

James N. Green et al. (Orgs.). *História do movimento* LGBT *no Brasil.* São Paulo: Alameda, 2018.

Jaqueline Gomes de Jesus (Org.). *Transfeminismo: teorias e práticas.* Rio de Janeiro: Metanoia, 2014a.

_____. "Orientações sobre identidade de gênero: conceitos e termos – Guia técnico sobre pessoas transexuais, travestis e demais transgêneros, para formadores de opinião". *Brasília* [s. n.], 2012.

_____. "Transfobia e crimes de ódio: assassinatos de pessoas transgênero como genocídio". *História Agora,* São Paulo, v. 16, 2014b, pp. 101-123.

_____; Hailey Kaas Alves. "Feminismo transgênero e movimentos de mulheres transexuais". *Revista Cronos,* Natal, v. 11, n° 2, 2010.

João Pedro Pitombo e Natália Cancian. "Bolsonaro anuncia suspensão de vestibular para trans em universidade federal", 16 jul. 2019. Disponível em: <www1.folha.uol.com.br/educacao/2019/07/bolsonaro-anuncia-suspensao-de-vestibular-para-trans-em-universidade-federal. shtml>. Acesso em: 9 set. 2020.

João W. Nery. *Viagem solitária: memórias de um transexual 30 anos depois.* São Paulo: Leya, 2012.

Joaze Bernardino-Costa; Ramón Grosfoguel. "Decolonialidade e perspectiva negra". *Sociedade e Estado,* Brasília, v. 31, n° 1, 2016, pp. 15-24.

_____; _____; Nelson Maldonado-Torres. "Introdução". In: _____ (Orgs.). *Decolonialidade e pensamento afrodiaspórico.* Belo Horizonte: Autêntica Editora, 2018, pp. 9-27.

BIBLIOGRAFIA

Joice Berth. *O que é empoderamento?*. Belo Horizonte: Letramento, 2018.

José Carlos Libâneo. *Pedagogia e Pedagogos, para quê?*. São Paulo: Cortez, 2010.

Jovanna Baby Cardoso da Silva. *Bajubá Odara: resumo histórico do nascimento do movimento de travestis do Brasil*. Picos: 2021.

Júlio Assis Simões; Regina Facchini. *Na trilha do arco-íris: do movimento homossexual ao LGBT*. São Paulo: Editora Fundação Perseu Abramo, 2009.

Kimberlé Crenshaw. "Demarginalizing the Intersection of Race and Sex: A Black Feminist Critique of Antidiscrimination Doctrine, Feminist Theory and Antiracist Politics". *University of Chicago Legal Forum*, v. 1989.

Leila Dumaresq. "Transfeminismo: contradição na opressão". *Revista Gênero*, Niterói, v. 14, nº 1, 2013.

Lélia Gonzalez. *Primavera para as rosas negras: Lélia Gonzalez em primeira pessoa*. São Paulo: Diáspora Africana; Editora Filhos da África, 2018.

Lélia Gonzalez. *Por um feminismo afro-latino-americano*. Rio de Janeiro: Zahar, 2020.

Leonardo Avritzer. *Democracy and the Public Space in Latin America*. Princeton: Princeton University Press, 2002.

Linda Martín Alcoff. "Uma epistemologia para a próxima revolução". *Sociedade e Estado*, Brasília, v. 31, nº 1, 2016, pp. 129-143.

Luma Nogueira de Andrade. *Travestis na escola: assujeitamento e resistência à ordem*. Rio de Janeiro: Metanoia, 2015.

Marcelo Daniliauskas. *Relações de gênero, diversidade sexual e políticas públicas de educação: uma análise do Programa Brasil Sem Homofobia*. São Paulo: USP, 2011. 161 pp. Dissertação (Mestrado em Educação).

Maria Cecília de Souza Minayo. "O desafio da pesquisa social". In: _____; Suely Ferreira Deslandes; Romeu Gomes (Orgs.). *Pesquisa social: teoria, método e criatividade*. Petrópolis: Vozes, 2007, pp. 9-25.

Maria Célia Paoli; Vera da Silva Telles. "Direitos sociais: conflitos e negociações no Brasil contemporâneo". In: Sonia E. Alvarez; Evelina

Dagnino; Arturo Escobar (Orgs.). *Cultura e política nos movimentos sociais latino-americanos: novas leituras*. Belo Horizonte: Editora UFMG, 2000, pp. 103-148.

Maria Clara Araújo dos Passos. "A solidão da mulher trans negra". In: Carla Rodrigues; Luciana Borges; Tânia Ramos (Orgs.). *Problemas de gênero*. Rio de Janeiro: FUNARTE, 2016, pp. 49-52.

_____. "A transfobias é um vício branco", 31 jan. 2018. Disponível em: <www.blogueirasnegras.org/transfobia-e-um-vicio-branco/>. Acesso em: 9 set. 2020.

_____. "Afrotransfeminismo, autorrecuperação e quilombos de afetos". In: Apolo V. Oliveira, et al. (Orgs.). *Transvivências negras entre afetos e aquilombamentos: contando histórias afrodiaspóricas*. Salvador: Devires, 2021, pp. 112-117.

_____. "Afrotransfeminismo: travestilizando o movimento negro e racializando o transfeminismo", Usina de Valores, 25 jun. 2018. Disponível em: <www.usinadevalores.org.br/afrotransfeminismo--travestilizando-o-movimento-negro-e-o-transfeminismo/>. Acesso em: 9 set. 2020.

_____. "Mulher trans e o feminismo", Blogueiras Negras, 22 mai. 2015. Disponível em: <www.blogueirasnegras.org/mulher-trans-negra-e--feminismo/>. Acesso em: 9 set. 2020.

_____. "O currículo frente à insurgência decolonial: constituindo outros lugares de fala". *Cadernos de Gênero e Tecnologia*, Curitiba, v. 12, nº 39, 2019, pp. 196-209.

Maria da Glória Gohn. "Associativismo civil e movimentos sociais populares em São Paulo". *Ciências Sociais Unisinos*, v. 44, nº 2, 2008, pp. 130-138.

_____. "Movimentos sociais na contemporaneidade". *Revista Brasileira de Educação*, Rio de Janeiro, v. 16, nº 47, 2011, pp. 333-361.

_____. "Paulo Freire e a formação de sujeitos sociopolíticos". *Anais do IV Fórum Paulo Freire*. Porto: Universidade do Porto; Instituto Paulo Freire, 2004.

BIBLIOGRAFIA

_____. *Movimentos sociais e educação*. São Paulo: Cortez, 2012.

_____. *Sociologia dos movimentos sociais*. São Paulo: Cortez Editora, 2014.

Marina Reidel. *A Pedagogia do Salto Alto: histórias de professoras transexuais e travestis na educação brasileira*. Porto Alegre: UFRGS, 2014. 163 pp. Dissertação (Mestrado em Educação).

Mario Carvalho. *"Muito prazer, eu existo!": visibilidade e reconhecimento no ativismo de pessoas trans no Brasil*. Rio de Janeiro: UFRJ, 2015. Tese (Doutorado em Saúde Coletiva).

_____; Sérgio Carrara. "Ciberativismo trans: considerações sobre uma nova geração militante". *Contemporânea*, v. 13, n° 2, 2015, pp. 382-400.

_____; _____. "Em direção a um futuro trans? Contribuição para a história do Movimento de Travestis e Transexuais no Brasil". *Sexualidade, Salud y Sociedad. Revista Latino Americana e-Clam*, n° 14, 2013, pp. 319-351.

Miguel G. Arroyo. *Outros Sujeitos, Outras Pedagogias*. Petrópolis: Vozes, 2014.

Moacir Gadotti. *Pedagogia da práxis*. São Paulo: Cortez; Instituto Paulo Freire, 1998.

Nelson Maldonado-Torres. "Sobre la colonialidad del ser: contribuciones al desarrollo de un concepto". In: Santiago Castro-Gómez; Ramón Grosfoguel (Orgs.). *El giro decolonial: reflexiones para una diversidad epistémica más allá del capitalismo global*. Bogotá: Siglo del Hombre Editores; Universidad Central; Instituto de Estudios Sociales Contemporáneos y Pontificia Universidad Javeriana; Instituto Pensar, 2007, pp. 127-167.

Nilma Lino Gomes. "O Movimento Negro e a intelectualidade negra descolonizando os currículos". In: Joaze Bernardino-Costa; Nelson Maldonado-Torres; Ramón Grosfoguel (Orgs.). *Decolonialidade e pensamento afrodiaspórico*. Belo Horizonte: Autêntica Editora, 2018, pp. 223-247.

_____. *O movimento negro educador: saberes construídos nas lutas por emancipação*. Petrópolis: Vozes, 2017.

Pablo Quintero. "Movimientos sociales, Universidades y Redes Decoloniales en América Latina". Entrevista a Catherine Walsh. *Revista Otros Logos*, 2011.

Patricia Hill Collins. "Aprendendo com a *outsider within*: a significação sociológica do pensamento feminista negro". *Sociedade e Estado*, v. 31, nº 1, 2016, pp. 99-127.

_____. *Pensamento feminista negro: conhecimento, consciência e a política do empoderamento*. São Paulo: Boitempo Editorial, 2019.

Paulo Freire. *Educação e atualidade brasileira*. Recife: Escola de Belas Artes de Pernambuco, 1959. Tese (Concurso para a cadeira de História e Filosofia da Educação).

_____. *Ação cultural para a libertação*. Lisboa: Moraes Editores, 1976.

_____. *Conscientização: teoria e prática da libertação*. São Paulo: Centauro, 1980.

_____. *Pedagogia do Oprimido*. Rio de Janeiro: Paz & Terra, 1981.

Rafael Freitas Ocanha. *"Amor, feijão, abaixo camburão": imprensa, violência e trottoir em São Paulo (1979-1983)*. São Paulo: PUC-SP, 2014. 217 pp. Dissertação (Mestrado em História).

Rebecca Abers; Lizandra Serafim; Luciana Tatagiba. "Repertórios de interação estado-sociedade em um estado heterogêneo: a experiência na Era Lula". *Dados – Revista de Ciências Sociais*, Rio de Janeiro, v. 57, nº 2, 2014, pp. 325-357.

Regina Facchini. "Movimento homossexual no Brasil: recompondo um histórico". *Cadernos AEL*, 2003.

Renan H. Quinalha. "Uma ditadura hétero-militar: notas sobre a política sexual do regime autoritário brasileiro". In: _____; James N. Green; Marisa Fernandes; Marcio Caetano (Orgs.). *História do Movimento LGBT no Brasil*. São Paulo: Alameda Editorial, 2018, pp. 17-35.

Rosi Braidotti. *Sujetos nómades*. Buenos Aires: Editorial Paidós, 2000.

Silvia Aguião. *Fazer-se no "Estado": uma etnografia sobre o processo de constituição dos "LGBT" como sujeitos de direitos no Brasil contemporâneo*. Rio de Janeiro: Eduerj, 2018.

BIBLIOGRAFIA

Sonia E. Alvarez. "A 'globalização' dos feminismos latino-americanos: tendências dos anos 90 e desafios para o novo milênio". In: _____; Evelina Dagnino; Arturo Escobar (Orgs.). *Cultura e política nos movimentos sociais latino-americanos: novas leituras*. Belo Horizonte: Editora UFMG, 2000, pp. 383-426.

_____; Evelina Dagnino; Arturo Escobar. "Introdução: o cultural e o político nos movimentos sociais latino-americanos". In: _____ (Orgs.). *Cultura e política nos movimentos sociais latino-americanos: novas leituras*. Belo Horizonte: Editora UFMG, 2000, pp. 15-57.

Sueli Aparecida Carneiro. *A construção do outro como não-ser como fundamento do ser*. São Paulo: USP, 2005. 339 pp. Tese (Doutorado em Filosofia da Educação).

Thiago Coacci. "Encontrando o transfeminismo brasileiro: um mapeamento preliminar de uma corrente em ascensão". *História Agora*, v. 1, 2014, pp. 134-161.

_____. *Conhecimento precário e conhecimento contra-público: a coprodução dos conhecimentos e dos movimentos sociais de pessoas trans no Brasil*. Belo Horizonte: UFMG, 2018. 290 pp. Tese (Doutorado em Ciência Política).

Thiffany Odara. *Pedagogia da Desobediência: travestilizando a educação*. Simões Filhos: Devires, 2020.

Vera da Silva Telles. "Sociedade civil e a construção de espaços públicos". In: Evelina Dagnino (Org.). *Os anos 90: política e sociedade*. São Paulo: Brasiliense, 2004, pp. 91-103.

Viviane Vergueiro. *Por inflexões decoloniais de corpos e identidades de gênero inconformes: uma análise autoetnográfica da cisgeneridade como normatividade*. Salvador: UFBA, 2015. 244 pp. Dissertação (Mestrado em Cultura e Sociedade).

_____. "Pela descolonização das identidades trans*". *Anais do VI Congresso Internacional de Estudos sobre a Diversidade Sexual e de Gênero da ABEH*. Salvador: v. 1, nº 1, 2012.

CRÉDITOS DO
CADERNO DE IMAGENS

Página 1: Capa da edição de sexta e sábado, reportagem especial "Perigo! A invasão dos travestis". *O Estado de S. Paulo*, 25 mar. 1980, p. 35.

Página 2: "Prisão de travesti em ronda policial", 1980. Olhar Imagem/ Juca Martins.

Página 3: Fotos por Hugo Denizart, Acervo Jovanna Baby Cardoso/ Grupo Astral.

Página 4: Cartazes e panfletos (reconstruídos digitalmente), Acervo Jovanna Baby Cardoso/Grupo Astral.

Página 5: Foto de Keila Simpson no XI Entlaids, Acervo Keila Simpson; "Rio: recorde de preconceito", *Folha dos Lagos*, 24 e 25 jun. 2000 (sábado e domingo), página 5.

Página 6: Logo Astral (reconstruído digitalmente) e Fonatrans, Acervo Jovanna Baby Cardoso/Grupo Astral; logo Antra, Acervo Antra.

Página 7: Foto no Seminário Transfeminismos 2016, Leandro Almeida; logo e slogan do transfeminismo (reconstruído digitalmente) disponível em: <transfeminismo.com/o-que-e-transfeminismo-uma--breve-introducao>.

Página 8: Foto de Erika Hilton, Rafa Canoba; foto de Erica Malunguinho, acervo pessoal; foto de Robeyoncé Lima, Dondinho.

A primeira edição deste livro foi impressa em julho de 2022, quando se comemoram trinta anos de fundação da Associação de Travestis e Liberados (Astral), a primeira entidade constituída pelo Movimento de Travestis e Mulheres Transexuais no Brasil.

Graças à organização coletiva dessas sujeitas, o enfretamento à violência de Estado, a garantia do acesso à saúde, a prevenção ao HIV/aids e a criação de teias de apoio e afeto se tornaram possíveis.

Este livro foi composto na tipografia
Minion Pro, em corpo 10,5/15,
e impresso em papel off-white no
Sistema Cameron da Divisão Gráfica
da Distribuidora Record.